Wolfgang Sieg

Schön leise sein bein Hilfeschrein!

Schön leise sein bein Hilfeschrein!

Wolfgang Sieg

In 'n Quickborn-Verlag, Hamburg

Umschlagentwurf: Regulus

Autorenfoto auf dem Buchumschlag: Elisabeth Paff

2. Auflage 1979

ISBN 3 87651 060 0

Gesamtherstellung: Hans Kock, Buch- und Offsetdruck, Bielefeld

KLABAUTERMANN

Also, von diese witzige Klabautermänner hast du bestimmt auch schon gehört, und kannst sie da an erkenn': sind nämlich überhaupt nicht zu sehn ... aber doch da, also, so inne Art von unsen Verfassungsschutz ... oder wie ein idealn deutschen Beamten, weil: ist der Beamte ja auch an besten, von sein' Wirken her, wenn man nix von ihn merkt! Ich mein, ein Unterschied zwischen de Klabautermänner und Beamte ist da doch, und mein ich das Gehalt mit ... und natürlich auch de Pension, weil diese Klabautermänner: machen alles ehrenamtlich, und Altersgrenze habn se auch nicht ... und wenn se zu Mittag de Reste ausse Offiziersmesse: sind se schon zufrieden mit! ich mein, Unterschiede gibt das natürlich auch bei de Klabautermänner ... und ein', der auffen Fischkutter Dienst macht, kannst ... ich mein, von' Geruch ... also, von diese Ausstrahlung her ... und natürlich ist auch sein Wortschatz ... diese furchtbare Flüche ... und seine tranige Klamotten: kannst überhaupt nicht vergleichen mit ein' Kollegen von ein' Kreuzer, also, die immer diese Kreuzfahrten machen ...
Ob se sich raufarbeiten könn'? So inne Art vonne Beförderung bein Millitär ... bei ihre Bewährung ...? Also, daß se denn sonne Karrjehre wie von' einfachen Gefreiten zun größten Feldherr aller Zeiten ...? Oder wie unse Industriebosse ... inne Filme, die von' Aushilfsnieter zun Generaldirektor? Also: daß de Klabautermänner denn auch von' Kutter-Klabauter bis zun General-Klabautermann auffe „Queen Mary"? Ich mein, wär in' Sinne von unse freiheitliche Markwirtschaft ja gerecht ... und grade auffe See gibt das ja, oder, wollmasagen, herrscht

sogar diese „Freiheit vonne Meere“, die das Gegenteil vonne sozialistische Gleichmacherei ist ...

Aber wenn sich nu de Klabautermänner hocharbeiten könn' ... wie ein normaln Mensch oder sogar Beamten ... in sein' Beruf ... wer kommt denn auffe freie Plätze ... auf diese tranige Fischkutter? Ich mein, das kann doch bloß der Nachwuchs ... Also, muß das ja sonne Art Vermehrung geben ... und weil sowas ja unter Männer: funktioniert sogar bei de progressive holländische Klabauter noch nicht: muß das auch weibliche ... also, Klabauterfraun geben! Mein Freund Werner sagt, auffe Ostblock-Kähne, wo se diese weibliche Kaptäne habn, gibt das auch weibliche Klabautermänner! Hat er selber inne „Emma“ gelesen. Ich mein, irgendwie ist mir das echt unangenehm, wenn ich mir vorstell, wie unse demokratische Klabauter da mit diese kommenistische Tüpen ... sümpatisiern kannst da ja schon fast zu sagen ...

Naja, jedenfalls, wenn das ein Junge wird, kommt er denn in' Westen, und diese Mädchen bleiben bei ihre Ostblock-Mütter.

Und wenn son Lütten nu ranwächst, ich mein, viel Auswahl mitte Berufe hat er ja nicht ... und geht ihn so wie de Görn vonne Pastorn oder Fabrikbesitzer: müssen auch inne Fußstapfen vonne alte Herrn, wollmasagen, reintreten, ob se wolln oder nicht ... ich mein, dafür habn se aber auch keine Probleme mit diesen Numerusklausus ... und bis nu hat noch jeden Nachwuchsklabauter sein Schiff ... habn se ihn zugeteilt ... bein Bund tun se ja viel für de Klabautermänner ... was se da allein an U-Boote jedes Jahr neu vonne Werft ausstoßen ... also, brauchen se keine Angst ... daß se auf Ruderboote oder Schlauchboote rauf müssen ... oder vielleicht sogar auf diese Bretter zun Wellnreiten ...

SILVESTER

Gestern ... also, Silvester ... als wir grade, original wie de alten russischen Grafen mit ihrn Sekt inne historische Filme ... da knallt das ... also, ich denk, das Dach hebt ab. Naja, ich raus, und ist unsen neuen roten Briefkasten ... und war vollkomm' zerfetzt! Also, sah aus wie der Reichstach nach sein' Brand damals ... Kuluckis über uns hatten den Knall auch, und als ich: ob er auch vielleicht ein' vonne Täter, der den Kanon'schlag in unsen Eigentum rein, hat er so nach rechts rübergezeigt mit sein' Kopp ... wo de Türken eingezogen sind mit ihre vier Görn. De andern Nachbarn auch: daß se auch ganz genau ... und Wieland: daß er den Memett, den ältesten vonne Türkenjungs, hat er gesehn, wie der da in sein' schlechten Gewissen weg ... und Behrens hatte das auch ... und hatte der Türken-Memett da auch schon den ganzen Tag rumgeballert ... Ich mein, de Frau hat noch nichtmal 'n richtigen Hut, bloß diese billige Kopptücher, aber für Knallerein ist Geld da, und für Kanon'-schläge, wo se das Eigentum vonne Deutsche mit inne Luft jagen!
Klar, daß ich hin zu de Türken. Der Memett war da grade bei son alten Fahrrad an' Putzen, und in seine Abgebrühtheit noch ganz frech: „Guten Tag!" und als Krone noch obenauf: „Frohes neues Jahr!" Ich mein, hab mich natürlich beherrscht und: „Du Memett, ich genau wissen: Du: Kanon'schlag in mein Briefkasten und – Bumm!" Und er: „Kanone?" Ich: „Kanonenschlag! Bombe! Du: Bombe in mein' Briefkasten!" Er: „Ich nix Bombe!" Ich: „Du doch Bombe! Und wenn nochmal, ich: Polizei! Daß du Bombe in mein' Briefkasten!"

Und nu hättst ihn mal sehn solln: bleich wie ne Wand! Und gezittert in sein schlechten Gewissen! Aber noch immer nix an Entschuldigung!
Naja, ich wollt nu auch weiter nix hermachen und nach Hause, und da Erika: de Oma Butt hat se erzählt, daß se gesehn hat, wie de Görn von Dallmanns was in unsen Briefkasten rein, und hat auch gleich geknallt. Naja, die Oma Butt ist schon 'n bischen tütelig ... Aber an' Nachmittag kommt doch der alte Türke mit diesen Memett bei uns anne Haustür! Und ganz laut: daß er und sein Sohn: habn nix gemacht an unsen Briefkasten, und sein Sohn lügt nicht und sonne Scherze ... ganz laut ... und alle Nachbarn hinter de Gardin'! Sowas von peinlich ... Ich auch zu de Türken: ist ja schon gut ... und son Briefkasten ist ja auch nicht de Welt ... und kann er ruhig nach Hause gehn ... Aber er: daß er und sein Sohn und seine Familie: nix Bombe in Briefkasten ... und irgendwas noch von Ehre, aber habn wir schon gar nicht mehr, weil wir: Haustür zu und Radio laut ... was sollst auch sonst ... bei diese aufdringliche Tüpen ...

MÜTTERGENESUNG

Wenn du als Vater mit deine kaputte Nerven ... also, hast du überhaupt keine Schangse, daß se dich von' Müttergenesungsheim aus weg ... Ich mein, auch wenn du als Frau ... und hast Kinder ... ist das schlecht mitten Müttergenesungswerk, weil: könn' se ja für de Hausfrau, also, für de Familie, ich mein, für den Ehemann kein' weiblichen Ersatz stelln, weil: ist das ja ... auch schon von' christlichen Standpunkt aus, unmoralisch. Ich mein, ist ja auch wirklich keine Erholung für de Ehefrau da in ihrn Lager, wenn se sich vorstellt, was der Ehemann da alles mitte Ersatz-Frau ... Ich mein, da kann er ja gar nicht ausweichen, zun Beispiel: bei den gemeinsamen Baden von den Klein' oder Trockenlegen, kommt das doch immer mal vor, daß sich seine Finger mit ihre berührn, und denn de ganze Hand, und den Arm rauf und so weiter und so fort. Und will der Staat ja sowas nicht noch unterstützen ... Also, geht das mitte Verschickung nur bei kinderlose Mütter, wo der Ehemann auch unter den Ausfall vonne Frau nicht so stark leidet ... also, selbständig anne Imbißbude geht ... und de Brocken von sein' Schaschlik scharf kann er sich ja auch schon mal allein von' Knüppel ziehn.

An besten geht das natürlich bei kinderlose und alleinstehende Mütter, also, diese ältere Fräuleins aus den Bibelkreis von unse Gemeinde ... denn leidet da noch nichtmal ein Ehemann unter, wenn er jeden Tag de Menüs vonne Schlimmbisse in sich rein ... Aber nun Erika: daß das eigentlich nicht in den Sinne von ein' Müttergenesungswerk ist und sonne extremistische Sachen ... Und hat se in ihre Naevetät diesen Kommenismus auch noch vor unsen Herr Paster ausgebreitet! Ich mein, da hat se denn auch selber schuld und muß damit rechnen, wenn er mit seine starke Argumente auf Erika los, also, hat se echt fertiggemacht ... Jedenfalls er: daß das der Neid ... also, ist der Satan, der mit diese Worte aus ihrn Munde raus, also, nicht raus, weil er ja noch in ihre Seele in ist, und bloß durch ihre Worte ... also: sind von ihn ... Und soll Erika sonne Müttergenesungswerke lieber als Prüfsteine für ein' echten Christen sehn! Und erst, wenn Erika diese ältere Fräuleins ... und habn, weiß Gott, auf vieles verzichtet in ihrn Leben, und se sieht, wie die sich inne Heime erholn, und gönnt ihn' das aus volln Herzen, also: merkt se an diesen Verhalten, daß se nun ein' echten christlichen Geist in sich drinn' hat und nicht diesen Satan! Und er auch noch: daß der Begriff „Mutter", also, hat überhaupt nix mit Ehemann und Kinder zu tun, weil zun Beispiel der weibliche Scheff vonne Diakonissen oder, bei de Katholiken, also, der vonne Nonn': heißt auch „Mutter" und hat kein' Ehemann und keine Kinder, und als männlichen Verkehr bloß Jesus und ihn, also: in ein' kollegialn Gespräch, und hat das mitte Funktion' von ein' Ehemann überhaupt nix zu tun!

VONNE VÄTER

Gab das vor paar Jahre diesen besonders wertvollen Film, und dacht ich erst, ist was für werdende Mütter, sonne Art Schulung, daß das mit den Trockenlegen und Windeln richtig fix geht. Ich mein, gibt ja heute vollautomatische Windeln mit Feuchtigkeitsverdampfer, oder wird durche Feuchtigkeit 'n Tonband ausgelöst mit den Ruf, daß de Mutti zu ihrn klein' Sonn'schein komm' soll, und gibt das in drei Stimmfärbung': in „naiv" mit Heintjestimme vor 'n Stimmbruch, als „humorvoll" mit Evelyn Künnecke ihrn Organ und als „bedeutend" mitte Stimme von' Friedensnobelpreisträger Willy Brandt. Hat auch eine Ausführung in „angaschiert" gegeben mit Herbert Wehner seine Stimme, aber wenn die in Betrieb war, habn de Mütter immer vor Schreck de Milchflaschen falln lassen, und hat aus diesen Grund de Stiftung Warentest: daß das nicht empfehlenswert sein soll.
Aber wenn in diese komplizierte technische Apparate mal 'n Kurzschluß, also: kann das Kind 'n Schock von kriegen, daß das stottert, oder spricht so wie Bürgermeister Koschnick aus Bremen, oder, wenn das psüchisch ist, daß er denn bei de Jusos mitmacht. Aber war in diesen Film überhaupt nix von zu sehn, habn se noch nichtmal Werbung für Penatenöl in gemacht und hieß „Rosemaries Bebi". Und erzähl ich bloß wegen de eine Szene, wo diese Rosemarie, also, liegt neben ihrn Ehemann in' Bett. Und ist grad bein Einschlafen, da kommt da mitmal son Flunki angeschossen, unrasiert und noch mit gelbe Augen ... also, original wie ich vor drei Jahre nach diese Silvesterfeier, und hatte auch schon fix paar weggekippt, und in meine ausgelassene Stimmung zu meine Ehefrau inne Schlafstube, aber hatte ver-

gessen, de Maske abzunehm', und war ein Pferdekopp. Meine Frau war schon an' Röcheln, hat aber doch ein' enorm' Schreck gekriegt wegen de Maske, und sie glaubt, daß das da an liegt, daß unse Tochter ihre Schneidezähne so geworden sind, also, direkt wie Fernandel seine ... Aber der Flunki mitte gelben Augen bei diese Rosemarie war echt und der Teufel, und der Lütte hatte nachher auch de Augen von sein' Vater.

Also, was ich mit sagen will: daß de Nachkomm' alle was von ihre Väter mitkriegen, und kann man sich aus diesen Grunde gar nicht vorstelln, daß Hitler sein Vater ein Zollbeamten inne gehobene Laufbahn gewesen ist.

MEIN SCHEIN

Gerstern morgen wach ich auf von ein' Geruch, als wenn ich 'n warmen Saftsocken in' Nasenloch hab, aber war mehr brennerig ... zuerst dacht ich, ich wär mitte brenn'de Glimmse eingepennt, und der Tabak – ich mein, ich rauch ja Selbstgequälte, riecht ja auch wie besengte Dachpappe mit „Hund in Frühling" auf. War son runden Brandfleck und bis in das Innlett rein durchgeschmort. Und als ich nu mit meine Flossen, ob meine Haare was abgekriegt ... also, hab ich ein' Schreck ... und zun Spiegel, und da ... also, was hättst du gesagt, wenn du reinkuckst und hast 'n echten Heiligenschein! Zuerst hab ich natürlich: ob das vielleicht von diesen köstlichen Lambrusco kommt, wo ich jeden Tag vier Liter von, und datteln de Italjener ja de letzten Chemie-Sachen rein, und daß das vielleicht ne Auswirkung, oder habn se sogar diese radioaktive Substanzen in ... aber denn hätt ich das ja schon länger, weil ich schon Jahrende diesen Lambrusco ... Und vonne portugiesische Ölsardin' ...? Ich mein ... an Essen und Trinken konnte das ja nicht ... denn sonst hätte Erika doch auch ein' ... aber lag ohne auf ihrn Kissen ... kokste noch ... Ich erstmal nachgedacht ... über de Konsequenzen ... Auffe eine Seite, ich mein, sparst du ja auch in' härtesten Winter de Baskenmütze, aber sonst ... schlafen kannst nur auffe Asbestmatte ... und denn: fällt ja wahnsinnig auf, und was trägst da für ne Krawatte zu ... und bei meine Arbeit, ich bin inne Verpackung von Bräger und Co, werden se mich wohl inne Folien-Abteilung rein mitte nicht brennbare Verpackung' ... Inne Zwischenzeit war nu auch Erika ... auch von den Geruch, und sie: daß ich den Quatsch lassen soll ...

und werd wohl nie erwachsen, und daß ich mich unter de Dusche ... und voll aufdrehn ... Naja, hat wie verrückt gezischt, aber nix geholfen, bloß das Handtuch war in' Eimer. Bein Kaffetrinken habn wir denn da über nachgedacht, was das wohl für 'n Grund, aber habn kein' gefunden ... sind vor zwei Monate sogar ausse Kirche getreten ... Und kann sich Gott doch wohl nicht für bedanken, wenn man aus sein' Abonnement raus, weil: schneidet sich ja in sein eigenes Fleisch mit ... und gute Taten? Wüßt ich auch nicht ... Bei meine Kneipe ... also, hab ich gestern sogar zwei Halbe zuwenig bezahlt ... und als neulich ein' mit sein' VW-Käfer an' Straßenrand mit Unfalldreieck, ich schnell mit volle Pulle vorbei mit mein' Mofa ... Anne Partei, die ich immer wähl, kann das auch nicht liegen, weil der erste Vorsitzende von diesen Verein hat nichtmal ein' ... Naja, was soll ich sagen, als ich mit mein' Koppschmuck zur Arbeit ... also, die Kollegen mit ihre Lästerei: daß das von mein' moralischen Lebenswandel kommt, oder ob ich mit den Heiligen Geist 'n Verhältnis hab. Hab ich nicht mehr ausgehalten, und zun Werksarzt. Der natürlich: ob ich sonst Beschwerden, und ich soll mit den Stimulieren aufhörn, weil er mich doch nicht krankschreibt, und wenn ich so weitermach, schickt er mich in' Keller inne Ausschußverwertung, da sparn se denn de Neonbeleuchtung ... und hat mir ne Packung Bromtabletten zur Beruhigung ...
Als ich wieder an' Arbeitsplatz, stand da schon son Tüp von' Werkschutz, und der: ob ich 'n Extremist bin oder was, und wenn ich de Kollegen mit diese Sabbotasche weiter von ihre Arbeit ablenk, stör ich den Arbeitsfrieden und geh ich in' Knast, weil ich de Markwirtschaft unterwühl ... und soll ich mir überlegen, und gibt er mir 90 Minuten für. Stunde später war auch schon ein Knilch vonne Gewerkschaft da und wollte mit mein' Ausweis zurück ... Und was ich mach, ist sowas von unsolidarischen Verhalten, und fall ich mit meine individualistische Mätzchen de Intressen vonne Kollegen mit in' Rücken, und

wenn ich da inne nächste halbe Stunde nicht mit aufhalt und mich so benehm wie de andern Kollegen auch und wie das ein' Proletarier zukommt ... bin ich ihr Kollege gewesen ...
Also, hab ich in meine Angst de furchtbarste Flüche, weil: hab ich geglaubt, geht der Heiligenschein von zurück, aber hat nix genützt ... auch nicht das Saufen nach Feierabend, oder daß ich mit mein' Mofa auffe falsche Straßenseite längs ... ich mein, der Polezist hat ja vor Schreck vergessen, mir 'n Strafzettel ...
Mein' Job war ich andern Tag natürlich los, aber hatte schon massenhafte Angebote: vonne Werbeabteilung Brokdorf, vonne Osram-Werbung. Und de Zeugen Jehovas und de Junge Union sind auch an mich ran: ob ich ein hauptamtlichen Mitarbeiter von ihrn Laden, aber hab ich denn doch nicht ...

INSTINKTE

Also, habn se neulich wieder diese starke Bildungs-Sache inne Glotze aus den Reich vonne Tierwelt oder sowas, und kam jedenfalls ein Professor in vor, der das mitten Gehirn erklärt hat, und zerfällt in drei Teile! Ich mein, nicht wie Fritz Schull sein Brägen nach seine Versuche mit den selbstgebrannten Asbach Uralt, den bein Niesen, also, hat er jedesmal so weiße Stücke in' Taschentuch gehabt. Zuerst hat er gedacht, daß er ein' Bandwurm und wärn Glieder von diesen Tier ... aber was macht 'n Bandwurm in' Kopp? Jedenfalls der Professer: daß der Mensch 'n Großhirn, wo er diese Denkprozesse, zun Beispiel vor de Wahln ... oder ob er 'n Kredit aufnehm' soll oder was, und 'n Kleinhirn, wo de Fantasie in wohnt, zun Beispiel als Vorstellung vonne Bildungsreform und diese idealistische Sachen, natürlich auch de Religion, also, der Herr Jesus. Ich mein, daß de Leute eigentlich mit ihrn Beten: Ich bin rein, das Hirn ist klein, soll niemand in wohn' ... und so weiter und so fort ... jedenfalls grade unter den Mittelscheitel ist da noch was, und ist das Mittelhirn, und regiern de Instinkte! Und nu der Professer: diese starke Instinkte habn nicht bloß de Menschen, sondern auch schon de Tiere! Und er mit seine heiße Beispiele: hat er gezeigt, daß de Instinkte bloß auf e i n e Sache ansprechen. Zun Beispiel hat er ne Wanze auffen Streichholz gesetzt, und ist denn mit sein' aufgekrempelten Arm unterweg, und hat die Wanze sich rauffalln lassen! Er se wieder auf ihrn Streichholz und denn ein' Tiegel mit ranzige Butter unterdurchgezogen. Und de Wanze: wieder runter! Und der Professer: daß de Wanze nu mit ihre Instinkte: hat gedacht, daß de Butter: daß er das gewesen ist, oder sogar sein Arm, weil der genau so riecht wie diese Butter, und hat bloß da auf angesprochen! Er denn noch ein' Rotkehlchenhahn ein' Federmop hingehalten, und der auch mit seine Balzerei da auf los, und sagt der Professer: daß er auf diese wuschelige Federn, also, ist wie bei de menschliche Männer das Detail inne Art von diese weibliche Brust, also, daß wir da genau so auf los ... und kucken gar nicht auffe andere Sachen. Oder wenn de Weiber bloß mit ihre Blicke auffe männliche Ausbeulung rauf, also: vonne dicke Brieftasche, und daß das auch bloß de Schuld von diese Instinkte ist, und könn' se da selber gar nix für ... Zun Schluß hat er denn noch ein Stück Papier mit bunte Farben vor ein' Schmetterling auf und ab, und ist der auch tatsächlich auf diese Farben reingefalln! Ich mein, da brauchst du gar nicht über zu lachen, kenn ich nämlich auch Menschen, wenn du die mit bunte Tücher, also, inne Art vonne Fahn', vor de Augen, da fahrn die genauso auf ab wie diesen Schmetterling ...

TIEFERE GEDANKEN I

Also, manchmal diese Sensebeletät: kommt richtig hoch in ein', zun Beispiel bei den Film von Leni Riefenstahl mit diesen Reichsparteitag, wo de Menschen in riesige Blöcke durche Straßen, und dazwischen immer wieder der Führer mit sein' heisern Organ, wo er de Million' mit verführt hat, und se als Rattenfänger in' Abgrund rein. Klar, weiß jeden, daß er ein Türann ... und mag ich gar nicht an denken, was diese arme Eva Braun alles mitgemacht hat ... Unser Nachbar Buppert schreit seine Alte ja auch immer so an, wenn er inne Glotze de Bundesligaspiele, und sie will immer de Waltons, aber Adolf soll in sein' dämonischen Wahnsinn ja sogar mitte Zähn in' Teppich rein oder daß er de neuen Gardin' vonne Fenster gerissen ... später hat er denn ja auch jeden von seine europäische Kanzler-Kollegen, der ihn übern Weg: sofort Krieg erklärt ... ich mein, auch von diesen Benehm' her ... ist unsen Regierungsscheff heute ganz anders, demokratisch kannst ja schon fast zu sagen, sogar, wenn er de Berufsverbote, also, da über redet: auch mit ganz nette Stimme, richtig sümpatisch. Adolf dagegen, also, hat ja vor Wut schon fast seine Zahnprothese ausgespuckt mit sein' Schrein, wenn er bloß 'n neues Autobahnteilstück einweihn wollte ...
Aber laß ihn ein Verbrecher gewesen sein ... jedenfalls, diese Reichsparteitage damals ... ich mein, so als künstlerische Sache ... hat ja auch mit den Charakter von den Führer überhaupt nix zu tun! Und de Franzosen mit ihre Nationalfeiertage: schämt sich keiner, wenn er als Mann Trän' inne Augen hat in sein' Idealismus ... und werden ihn' doch bloß von den Stechschritt

vonne deutsche Fremdenlegionäre inne Augen getrieben! Ich mein, ich in meine Eigenschaft als Mann und auch vonne Erziehung her: bin hart! Aber als in diesen Film ... de vielen Fahn' inne düstere Nacht ... mitte blutroten Fackeln als Beleuchtung, und der Führer zu de Tausende von Zuhörer, also, war ja ein Gedränge wie bei ein' Otto-Waalkes-Gastspiel, oder als wenn Elwis aus sein' Grabe hoch und singt ... Und alle: Heil! Und der Führer: sich für das „Heil" bedankt und sich sofort bei de Leute mit ein' „Heil" revanschiert, und anschließend: daß er will, daß se sich alle für Deutschland opfern, sogar bis zun Tode, und verlangt er von ihn', und will er ja auch, und ist das Letzte, was das gibt. ... Ich mein, diese idealistische Sachen ... klar, kommt von Hitler ... aber wenn ich mir das nu von unsen Spitzenpolitiker aussen Süden vorstell ... Also, darf ich ja gar nicht, weil mir dabei schon wieder original de Schauer den Rücken runter ...

TIEFERE GEDANKEN II

Also, manchmal, wenn ich ausschalt, weil da bloß diese Problemsachen inne Glotze, die keinein' versteht, denn hab ich immer diese tiefere Ideen ... Zun Beispiel, ob das Leben ein' Sinn hat oder was.
Erika in ihre Besorgnis denn immer: daß ich denn sowas Fremdes in mein' Gesicht, und komm ich vielleicht inne Mittleif-Kreisis, und wenn ich will, macht se mir 'n Grog, also, ist richtig ängstlich. Ist ja zu verstehn, weil bei de Wapps, hat der Mann auch mitmal so komisch gekuckt, und de Frau: nix gemerkt, und auch nicht auf reagiert! Und an' nächsten Tag, er: daß er sich bloß noch mal 'n paar Zigaretten aussen Automaten und ist inne Viertelstunde wieder da. Sie in ihre Geduld denn 14 Tage gewartet, aber danach: gleich ne Vermißtenanzeige. Und nun stell dir vor: kriegt sie nach ein' Vierteljahr wirklich Post ... aus Bonn, se soll mal hinkomm', weil da einer von' Rhein angeschwemmt worden ist, und se soll stark sein, weil er schon paar Wochen in' Wasser ... naja, sie auf eigene Kosten hin, aber war er gar nicht! Ich mein, da kriegt se seit diese Zeit dauernd diese Benachrichtigung', denn glaubst gar nicht, was da so alles an Körper gefunden wird und sind nicht mehr zu identifiziern oder bloß noch anne Zahnfüllung' ... Also, was die Frau mit ihre eigene Augen schon für Anblicke ... Kennt ja auch schon fast alle Schauhäuser inne Bundesrepublik, und ein Herr aus Dortmund hat se auch schon zun Kaffee eingeladen ... ist Witwer und als Kühltechniker sogar pensionsberechtigt ... Herr Zimmermann kennt se auch ... Ich mein, se hat ja sonst nix zu tun, seit se ihre Rente ... nicht, daß se da auf wartet, daß

mal wieder irgendwo ... und Fahrgeld kriegt se ja auch nicht ersetzt! Aber ist doch ne Abwechslung. Ich mein, Erika kann ja noch nichtmal ne Fliege tothaun ... und wenn se Blut sieht, also: gleich schwarz vor Augen ... Und sie auch immer: daß ich bloß nicht auf so blöde Ideen komm wie der Wapp ... und krieg ich immer mein' Grog, wenn ich so komisch kuck ...

BEFRAGUNG

Also, habn se da neulich son paar Prominente in ein Interwju, was se zu de Todesstrafe sagen ... oder ob se wolln, daß das Abendland untergeht? Und alle: daß se dagegen sind! Richtig unmännlich! Ich mein, da warn diese Sportler in ihre offene ehrliche Art richtig ein Lichtblick: zun Beispiel uns Uwe, also, diesen ehemaligen Kopfballspezialist: klar, er ist dafür, und Annegret Richter auch mit ihrn sümbolischen Nachnam' und Berti Vogts und Liesel Westermann auch. Ich mein, ob das bei Herrn Tschimeck echt war, weiß ich nicht ... Und muß er vielleicht, wegen diese Ausgewogenheit in' Fernsehn, und weil er ja sonst für all de wilden Tiere, also, will er ja de ihr Leben retten, daß er da nun als Ausgleich für diese Bestien ... bei de Terroristen mal ein Auge zudrückt ... also, erlaubt, wenn ihn' de Rüben ab ...

KOMBINATION

Was du heute schon alles zusamm' kriegst! Als ich und Erika neulich mit ein paar Freunde vonne dänische Grenze so studienhalber in ein' Pornofilm rein, habn se uns da Körriwurst bei serviert, und hat Erika sich richtig geekelt vor. Oder bein Frisör kriegst du neuerdings zu gleiche Zeit, wo se dir das Tupeh entmotten, 'n Fußbad. Das schärfste war aber neulich, als wir in unse alte Konditorei Krause. Erika denn auch ihrn Appelkuchen mit Sahne bestellt, und ich meine Mohnschnitte, und sind wir schon an' Schlucken, da seh ich an den Tisch gegenüber, also, echt ne Dame: mitte Haare so hochgebürstet und Dekolletee und alles, und seh ich, wie die mit ihr ein' Auge, also, wirft sie mit nach mir, war glaub ich das rechte, und mit den linken hat sie wegen ihrn Silberblick auf mein' Mohnkuchen rauf . . . Klar, daß ich rot wie ein, wollmasagen, Primate, und in meine Schüchternheit so zurückgezwinkert, so inne Art wie Curd Jürgens das in seine jungenhafte Art auch immer . . . und da, ich denk, mich kneift 'n Ohrwurm: die Dame hoch und an unsen Tisch ran, und: ob ich mit se rauf nach oben! Also, Erika hättst du sehn müssen, wie ihr die Schlagsahne in ihre Überraschung ausse Nasenlöcher raus, und denn: daß se schon immer was geahnt wegen mein' müden Verhalten inne letzte Zeit, und war auch in mein' schlechten Gewissen so freundlich, und daß se sich scheiden läßt, und ich werd mich wundern, und daß ich mit diese Person, soll ich ein Kompott geschmiedet habn gegen de eigene Frau. Aber de Dame: daß in diesen Cafe: ist neuerdings Kombinationsbedienung, und ich hab mich durch mein Zwinkern mitten Auge, also: ist wie ein mündlichen Abschluß von ein' Geschäftsvertrag und ist gültig, und ob ich nu mit hochkomm oder was, und Getränke gehn extra, und Erika kann inne Zwischenzeit ja de kleingedruckten Bedingung' von den Geschäft auffen Kaffeuntersatz studieren, ist alles ganz reell und kostet inne Standard-Ausführung, wo man de Klamotten anbehalten darf, 30,–. Klar, daß ich: ob ich das nicht in Mohnstrudel verrechnen kann, und de Dame: verrechnen ja, aber nicht in Kaffe und Kuchen, aber wir könn' uns von diese Summe ein' „Erotaktivator" leihn, und ist ein vollelektrisches Gerät. Naja, ich denk natürlich, die kommt da mit eine von diese elektrische Zittergurken angeschleppt, wo mein Freund Werner seine Frau mal ein' fürchterlichen Kurzschluß mit erlebt hat, und seit diese Zeit auch bei Werner gar keine Empfindung' mehr ... aber hatt ich mich verschluckt, weil: war dies ein Eumel ... also, kommt se da vorne durch de Eingangstür mit geschoben! Und zwischen de Gäste durch, und die: gekuckt wie 'n Hahn mitten Wurm in' Hals! Und war noch größer als unsen Hausmeister sein Rasenmäher! Und die Dame: daß das ne Ausführung für Ehepaare in freistehende Einzelhäuser, weil: in ein' Sozialblock, also, ist das Ding wegen seine Lautstärke nicht geeignet wegen sein' defekten Auspuff, und ist ein robuster Zweitakter, und der Karton mitte Zusatzgeräte steht draußen vorn Eingang, und de Gebrauchsanweisung liegt auch bei. Klar, daß ich ihr de Mäuse so inne Flosse gedrückt, und denn: nix wie weg! Und mit ein' Kopp, denn wie de andern Gäste mit ihre höhnische Blicke auf uns rauf, kannst dir gar nicht vorstelln! Aber auffen Nachhauseweg ist mir eingefallen: anne Nebentische habn die bestimmt nicht mitgekriegt, was de Dame uns mit ihre gedämpfte Stimme ... und woher wissen die, daß das kein Rasenmäher ist?

EXORZIST

Also, vonne Versandhäuser kriegst du heute alles: Haustiere, vonne Schildkröte übern Dackel bis zun Zwergleoparden für ne Sozialwohnung. Von' Eigenheim bis zun Aktivurlaub in Bankok, wo du fürn klein' Aufschlag zukucken kannst, wie da Studenten aufgehängt werden. In Amerika gibt das sogar vonne Versandhäuser aus Ehe- oder sogar Partnervermittlung, oder daß du dir de Familienfete 'n echten Dichter bestelln kannst. 'n modern' Lüriker kriegst du schon für zwei Dollar! Für ein' Humoristen mußt du natürlich bischen mehr springen lassen. Kannst dir sogar 'n richtigen Exorzisten auf Sammelbestellung komm' lassen! Und hat eine Familie auch gemacht, für den Sohn. Der hat nämlich auf Lehrer studiert, und auch nicht gebummelt und nix, aber aufmal fing das mit sein' komischen Reden an: daß de Kinder mitbestimm' solln, was se lern', und solln auch bloß durchnehm', was Spaß macht oder wo Sinn in ist. Und ein Lehrer soll de Schüler so erziehn, daß er selber überflüssig ist. Lauter son Blödsinn! Klar, daß seine Eltern in eine furchtbare Unruhe, und habn se denn auch diesen Diplom-Exorzisten komm' lassen. War ein ältern Herrn mit ein gütigen Lächeln auffe Goldrandbrille, wo du so richtig Vertraun zu haben konntest. Und ihn denn mit den verrückten Sohn eingeschlossen, und bloß aussen Schlüsselloch gehört, wie er mit seine dumpfe Beschwörungen und fromme Sachen auf den jungen Mann los. Zuerst hat der junge Mann ja gegenan geschrien, aber der Exorzist: nicht aufgegeben, und war ein stundenlangen geistigen Kampf mit den Satan, bis der endlich mit grausige Laute aus den jung' Mann raus!

Ich mein, war ja ne Pferdekur, aber hat geholfen! Wie der Sohn nach de Behandlung raus, hat er an alle Glieder gezittert und war weiß wie ne Wand und wie aussen Wasser gezogen – aber ist später ein guten Lehrer geworden: hat sein' Unterricht genau nache neuen Lehrpläne und diesen FDGO-Katechismus ... ach so, du merkst natürlich mein' klein' Irrtum: war nämlich gar kein Exorzist, war auch nicht in Amerika und man bloß inne Gegend um Quickborn rum ...

VON' SAUBERMACHEN

Wenn meine Erika inne Mappe diese vornehme Wohnung', zun Beispiel von diesen starken Rainer von Monacko, denn sie immer: de arme Hausfrau! Und wer das bloß alles saubermachen soll! Und freu ich mich immer, daß ich nicht Besitzer von so ein' Schloß, ich mein, ich polier ja an unsen neuen Kristallüster inne Wohnstube ja auch schon über ne halbe Stunde. Und die Herrschaften habn da ja Dutzende von diese Dinger, vielleicht sogar in' Windfang ein', und de in Flur kannst schon gar nicht mehr zähln, wenn du ausse Türkei bist!
Ich mein, bei de altertümliche Gebäude machen das ja de Verzierung', bei de modern' mehr de Weitläufigkeit. Aber manchmal kommt das auch zusamm', zun Beispiel bei de Schlösser von diesen wahnsinnigen Bayernkönig, der mal in so ein' starken Film, wo er da als Oweh Fischer bei Gewitter mit wilde Haare und rollende Augen in son Flattermantel ... also, hat Drakula ja auch immer an ... stürzt er jedenfalls sonne breite Treppe runter. Und hat er schon ein' auffe Luke gehabt. Ist denn ja auch immer schlimmer geworden, daß er keine mehr von seine Landeskinder: wollt er nicht mehr sehn, ich mein, so beknackt ist das ja auch wieder nicht, wenn du dir de Leute da unten mal ausse Nähe ... aber zun Schluß hat er bloß noch diese Töne von den Richard Wagner hörn wolln mit sein' starken Saund, und ist danach denn auch schon bald in' Starnberger See rein, und ist er denn in übern Jordan ...
Also, wollt ich doch eigentlich von diese moderne Gebäude, und hat neulich mal ein Wissenschaftler in' III. Programm: daß das de Schlösser aus unse Zeit sind, aber ist mehr Sinn in als inne alte

Baudenkmäler, wo höchstens der Geist ausse Vergang'heit in wohnt. Und in unse mächtige Gebäude wohnt de Energie in ihre Kraft als Freude oder so ähnlich, und sind wir alle stolz und glücklich über, weil ohne diese Gebäude, also: gehn inne 80er Jahre de Lichter aus. Du weißt ja nu schon lange, wo ich von rede, nicht? Jedenfalls, diese Atomkraftwerke dürfen ja auch nicht einstauben und müssen aus diesen Grund gefeudelt werden. Und, hat in unse Mappe gestanden, habn se für diese Zwecke Obdachlose genomm', und hat ein Herr vonne Reinigungsfirma auch: daß diese Leute sind ohne feste Arbeit und Bleibe, und de meisten, also, sowas von Risikofreude bei ihn', und Familie habn se auch nicht, und freun sich, wenn se paar heiße Mark auffe Schnelle machen könn', und ob se nu paar Jahrzehnte älter werden oder was: intressiern se sich echt nicht für! Und ist ja auch ein echt sozialn Job für de Volksgemeinschaft, und wenn se Glück habn, könn' se später sogar mal als Märtürer eingehn! Und ist eine gewaltige Auszeichnung. Ich mein, ist das ja auch! Und habn de meisten Flunkis mit ihre Vorstrafenlatte gar nicht verdient, daß se vielleicht sogar mal als Vorbild für de Jugend, und müssen de Schulkinder ihrn Nam' auswendig lern!
Ich mein, wenn ich nu mal so nachdenk ... so inne Zukunft rein, also, ist das doch ein Job für original harte Männer, und brauchen se kein' Krieg mehr, und Haesvau-Spiele auch nicht. Und mitte sogenannte Opfer, also, wenn du das mal vonne Wirtschaft her siehst: könn' se de Krankenhäuser mit vollmachen, und hält de Quarkerei von wegen sind nicht ausgelastet und sonne Scherze endlich auf!
Könnte man überhaupt de Leute, wenn se sich noch bewegen könn' und strahln bloß vor sich hin, also, daß man se in eigene Stadtviertel ... oder kriegen ein Abzeichen auffe Brust rauf, daß jeder, der se trifft, daß er gleich 'n Bogen um se rumschlägt wegen diese Radioaktivität, aber zugleich von weiten mit seine Gesten, daß er echt Ehrfurcht vor se hat und se original als Heilige ankuckt!

sonne Übertragung aussen Bundestag, also, war ihr Produkt der einzige mit diesen wachen Ausdruck inne Augen, und warn se stolz auf! Und vor eine Woche stand da sogar in' „Spiegel", daß unsen Regierungsscheff nu endlich seine Formkrise überwunden hat, und seine alte Dünamik: hat er wiedergefunden, daß man wieder echt Vertraun zu ihn habn kann ...

RÜHRUNG

Wenn in ein' Film, also, unse deutsche Nationalhümne in mitspielt, oder wie ein jung' Wilddieb in eine Felsspalte stürzt, oder kommt ein sterbenden Krieger in vor oder Wasserleichen, also, ich mein, wenn ich auch ein richtigen Mann bin ... und sogar in' Kegelklub, und auch mitte Weiber ist ganz normal alles, aber fang ich bei sonne Sachen immer an zu heuln! Und kommt von meine Sensebeletät. Fing schon inne Schule an, zun Beispiel, wenn unsen alten Lehrer immer, wie die junge deutsche Intellegenz damals innen französischen Erbfeind seine Empis rein bei Langemark, und hatten dabei alle das Deutschlandlied auffe Lippen oder ihrn Kaiser Wilhelm, also ... muß ich nun schon wieder in Trän' ausbrechen ... oder bei diesen starken Gedicht, wo ein Wandersbursch als Gastarbeiter in' Ausland, und kommt dicht vor de Rente wieder zurück inne Heimat mit seine Hornschwieln auffe fleißige Hände, und in' Gesicht auch ganz braungebrannt. Ich mein, wenn du den mal mitte Wasserpolacken vergleichst oder Polenaussiedler, wie se sich heute nenn'! Zun Beispiel diesen Kulucki aus unsen Block! Spricht kein' Satz in seine angebliche Muttersprache richtig, aber kassiert da als sogenannte Entschädigung Tausende von unsen Staat! Von unse Steuergelder! Und kauft sich in seine slawische Frechheit von unsen sauern Schweiß 'n Audi 80, wo wir noch immer mit unsen Käfer 1200 und sind richtige Deutsche! Aber diesen Bursche aussen Gedicht hatte kein' Audi wie diese östliche Gierhälse, sondern ist bloß wegen seine Heimat wieder zurück, und sollte Kulucki sich mal hinter seine bolschewistischen Ohrn schreiben!

Jedenfalls, wie er da durch 'n Stadttor ... oder an' Brunn': keiner von seine alte Spielkameraden hat ihn wiedererkannt, nichtmal sein altes Liebchen. Bloß ein altes Weiblein mit ihre scharfe Augen unter den gebeugten Puckel raus: ein Blick und war schon alles klar! Und war das Mutterauge, und sie denn auch: daß er ihrn Sohn ist, und wenn die Fremde ihn das gegerbte Antlitz auch noch so verbrannt hat! Oder wie die Waisenkinder auffe öde Heide da in ihrn Grab liegen und inne kahlen Bäume rein mit ihrn Klagelied ... also, kann ich stundenlang heuln! Aber hinterher fühl ich mich denn immer wie Mohamet Ali.

NACHWIRKUNG

Inne Glotze bring' se ja nu immer öfter diese nostalgische Sachen mit den Führer. Erika sagt, daß Peter Alexander, ich mein, ist ja auch Österreicher, aber viel sümpatischer! Und bei de Hitler-Filme: auch überhaupt keine Äktschen in! Immer bloß, daß er redet mit seine geballte Fäuste und de heisere Stimme, und denn marschiern da welche. Meistens nachts, und habn denn Fackeln inne Flossen. Also, das sind ja endlose Kolonn', und haun alle zu gleiche Zeit mitte Hacken auf das Pflaster, und von ihre Lieder kriegst bloß so Wörter mit: Reich ... Morgenrot ... Flamme der Zukunft ... und daß das glühende Sonn'rad inne Feinde rein, und das deutsche Blut: blüht wie ne Blume auf ein' eisigen Feld, und da über denn de Fahn', die umme tote deutsche Helden-Herzen gewickelt sind, also: flattern in Richtung Walhalla, und de Adeler sing' ihre Sturmlieder zu, und in' Hintergrund immer Adolf seine dämonische Stimme ... ich weiß nicht ... Jedenfalls: andern Morgen: der Buppert aussen Block nebenan ... ich mein, als er mit seine Blicke in meine Augen rein, hat er gleich gewußt, daß ich de Sendung auch ... Und er: daß er in sein' Innern, hat er da mitmal in seine Seele so ein' Riß gehabt, und sind da aus tiefe verborgene Kammern so Bilder hochgestiegen, also, inne Art von unterirdische Quelln ... und kann er sich gar nicht gegen wehrn ... und komm' ihn nu so Wörter über de Lippen, die er gar nicht will ... und eben bein Kaffetrinken hat er 35mal hintereinander zu seine Alte „Deutschland" gesagt, als sie ihn: ob er Pflaum'mus auf sein Brötchen oder Limburger ... und hat se echt quer ausse Wäsche gekuckt ... Ich zu ihn: daß er sich mal Viertelliter Korn hinter de Kiemen und gelacht, aber als ich später zu Bräger und Co, konnt ich bein Gehn mitmal de Knie nicht mehr krummkriegen, und in' rechten Arm: sowas von Schmerzen! Gingen erst weg, als ich ihn grade in ein' Winkel von 45° inne Luft rein ... Geschämt? Ach was, hab ja auf mein' kurzen Weg mindestens 12 Mann getroffen: auch alle in' Stechschritt und mitten Deutschen Gruß ...

ENTDECKER

Manchmal, wenn se inne Glotze so diese historische Sachen aussen Mittelalter, wo de dicken Mönche da ihre Halbe Weine ein' nach 'n andern, und son Ochsenschenkel von' Spieß so inne Faust und ohne Besteck von abbeißen ... ich mein, regt denn immer mein' Apptit an, und ich denn immer zun Kühlschrank und son kalten Kottlett raus und da denn auch rein, also: echt wie die Mönche in' Mittelalter ... ich mein, wenn ich de Prothese schon in' Glas mit diese hügiänische Reinigungstabletten ... ist das mitte Kottletts natürlich Quatsch, weil: kann ich bloß noch lutschen, und zieh mir denn immer son halben Brathahn ausse Kühle ... ich mein, die aus Holland sind ja so weich ... und kannst du original mit Knochen, also: wie Eis an' Stiel mit Brathahngeschmack. Erika sagt, die kriegen de Weichmacher schon mit in das Fressen rein, daß se inne Grillbetriebe nicht so lange an' Rost häng' ... und wenn se von diese Stoffe mal bischen mehr, also, daß der Futterstreuer: hat 'n klein' Flattermann, zack: weichen de Knochen natürlich mit auf ... ich mein, praktisch ist das ja fürn Prothesenträger. Aber hatt ich das mitte Wabbelknochen neulich echt vergessen. Und kam aus diesen Grunde: War in ein' Robin-Hut-Film nämlich wieder diesen Mönch, und er, also, diesmal: kein' Ochsenhintern, sondern auch 'n Hahn ... klar, daß ich: wie Mark Spitz zu de Kühle, mein' holländischen Vogel bei de Ohrn, ihn, zack, den Zellofanpräser runter, und will ihn ... da brechen seine Beine ab und er: auffen Teppich, also: wie ein Pudding mit Flügel! Und als ich ihn von unsen Kibek-Perser abschrapen will, geht das nicht! Als wenn da ein riesigen heißen Kaugummi von ein' bösartigen Menschen mit volle Absicht reingetreten ist ... Und der Kerl vonne Reinigung andern Morgen: daß er mit seine Macht an' Ende, weil: habn de Schemiefasern von' Teppich und de schemische Stoffe in unsen Hahn ... also, sonne innige Verbindung, daß se, also, wenn ich de Sache zun Patentamt ... ich mein, daß ich wie sonne Art Madamm Kurie mit ihrn Radium, daß ich denn auch ein' neuen schemischen Stoff entdeckt hab, und ist als Kampfmittel vielleicht noch besser als de Neutron'-bombe ...

ICH BIN JA FÜR DE DEMOKRATIE

Ich bin ja für de Demokratie und für de Freiheit! Das sag ich auch offen, und hab das inne letzte Wahl auch mit viele vonne demokratische Mitbürger ... also, sind wir ja diesen Erdrutsch gewesen! Und immer offen und ehrlich meine Meinung, und wenn der andere noch so sehr da unter kaputtgeht! Ein Deutscher muß da schon mal in seine Härte 'n Schlag einstecken könn'! Also: diese Tüpen mit ihre Demonstration' gegen de Atomwerke, hab ich jedenfalls: daß ich dagegen bin, wenn inne 80er Jahre die Lichter ausgehn ... Ich mein, auch als se vonne Bundeswehr aus diesen Rudel eingeladen habn: solln se doch! Weil: der war doch Soldat und sonst nix, hat nur nach seine Befehle in sein' Gehorsam ... preußisch! Und de deutsche Luftwaffe war ritterlich, habn sogar de Gegner gesagt, also, daß se Rudel auch als Held ansehn, und hätten die gerne sonne Kerle wie er! Ich mein, unse Flieger habn ja ihrn Schild mitte Ehre, wollmasagen, blank ... was bei de Engländer ja anders war mit ihre Angriffe auf unse Städte mit ihre Übermacht, sag ich bloß: Lazarettstadt Dresden mit all de Verwundete und Fraun und Kinder. Aber hat Churchill ja trotzdem durchgedrückt, daß se mitte Bomben auf Dresden! War ein Befehl! Und Churchill hat dafür nachher vonne Deutschen ein' Friedenspreis von Tausende von Mark ... Naja, laß ihn, und auch mit Dresden: trag ich de englische Luftwaffe nicht nach, alles in Ordnung, vergeben und vergessen, jeder macht mal Fehler, habn wir auch gemacht ... Ich mein, diese Sachen mitten Arbeitsdienst und de Eutanasie und den Eintopfsonntag und Winterhilfswerk und Kraft-durch-Freude-Urlaub und Autobahn und Verbrechensbekämpfung und und und ...

könnt ich ja stundenlang, also, seh ich auch, ich mein, diese posetive Sachen ... vonne Jugenderziehung will ich gar nicht erst, wenn ich das mitten heutigen Saustall vergleich, also, will ich sagen: bin ich ein kritischen Demokraten! Klar, de Kommenisten: könn' keine Kritik ab, jagen ihre Kritiker aussen Land oder mit inne Klapsmühle rein oder nache sibirische Straflager. Vonne Funktionäre aus! Ich mein, wenn du mal son einfachen Menschen mitten Funktionär vergleichst: gegen de einfachen Menschen, gegen den normaln russischen Menschen hab ich nix, und von seine einfache Frömmigkeit und kindliche Herzlichkeit und gutmütige Gastfreundschaft könn' de westlichen Kulturvölker noch ne Menge lern' ... und wie de mit einfachste Mittel, also, ihre Maschin'gewehre ... konnten voll Dreck sein und schossen immer noch, wenn unse hochkomplizierte Waffen längst ... aber wollt ich doch vonne Funktionäre, also, der Unterschied von ihn' zu de einfache Leute ist viel größer als bei uns de Fabrikbesitzer zu de Arbeiter ... und dabei wolln se de Gleichheit, kämpfen für de Gleichmacherei, und ist doch ein Widerspruch! Oder wie seh ich das! Ich mein, de Menschen sind doch wirklich nicht ... nicht, daß du denkst, ich hab was gegen de Türken oder gegen de Neger ... die habn ja auch ihre Kulturleistungen, de Jazzmusik zun Beispiel, wie se da ihre Augen verdrehn in ihrn Rhüthmus und ohne eine einzige Note!
Also, wo ich von' Augenverdrehn ... ich hab da neulich diesen Idi Amin in ein' Film ... zun Naßmachen ... ich mein, der könnte in Europa doch bestimmt nicht als Regierungsscheff, nichtmal in Amerika ... Kann man sich von diese Burschen auch vorstelln, wie se da ihre Massaker mitte Nonnen und Priester ... Leute, die ihr ganzes Leben lang für diese Wesen geopfert und ihn' geholfen bei Krankheiten, oder daß se ihn' zumindest de Anfangsgründe in' Lesen und Schreiben ... und das ist denn der Dank!
Ich will nu gar nicht weiter von diese radikaln Lehrer und Studenten, die auf Kosten vonne arbeitende Bevölkerung ... und

denn demoliern se de Hörsäle ... oder zum Beispiel diese rote Anwälte: habn doch gut verdient in unse Gesellschaft, aber denn kriegen se den Rappel und wolln alles in Brand stecken! Ich mein, wenn se Einzelhändler, hätt ich das mit ihre Kaufhauszünderei noch verstehn könn'! De machen doch all de Klein' kaputt mit ihre Sonderangebote! Ich mein, von' Geschäft verstehn die was, hörst ja auch schon anne Namen, daß ihn' das in' Blut liegt, ich sag bloß: Karstadt, Tietz und so weiter und so fort. Damals inne sogenannte Kristallnacht habn de Nazis ja auch diese jüdische Konzerne, daß man da nix kaufen sollte ... mit Posten vor de Tür ... und mitte Gaskammern ging das denn weiter ... Ich mein, das ist ja auch ne Sache, die ... klar, de jüngere Generation hat keine Schuld da an, und wir habn ja meistens nix gewußt ... die paar Gerüchte hat keiner so richtig ... und denn war für de Soldaten, also: Befehl ist Befehl! Diesen Himmler natürlich mit seine Helfershelfer: spricht ihn keiner von seine Schuld frei! Klar, daß de Feinde de Zahln bischen hochgebügelt habn, aber auch wenn das nur ein' von diese Wesen gewesen wär, wär das schon ein Mord gewesen! Diese Meinung bin ich jedenfalls als Deutscher! Und muß man zu stehn! Ich mein, ich hab schon oft zu mein' Freund Werner: daß das vielleicht alles mit diese Sache ein falschen Irrtum ... Wie diese, wollmasagen, Israelis da jedenfalls in ihre Blitzkriege mitte Gegner ... zum Beispiel diesen Dajan ... ich mein, hätte doch 'n Kusäng von unsen Wüstenfuchs Rommel sein könn'! Also, daß der Führer damals nicht de richtigen Berater ... und gibt das heute doch auch noch: brauchst du bloß mal de Leute um unsen Kanzler anzukucken!

POSETIVE KRÄFTE

Bei Bräger und Co habn wir ja diesen Studenten als Aushilfe. Hat Abitur, aber kann der 38er Folie nicht vonne 112er untescheiden! Hab ich ihn schon dreimal: hier, das sind de 38er, habn de selbe Abmessung' wie de 112er, aber der Rand, kuck dir doch mal den Rand an! Na? De Kante? Ist rauh! Rauh ist sie! Also: de 112er habn ne rauhe Kante! Hast du gescheckt? Das kapiert sogar Ali als Türke ... und dabei lassen die in sein' Heimatdorf ihre menschlichen Bedürfnisse gleich ausse Tür ... Tür auf, Hintern raus ... und der Luftzug bläst ihn' de Krümel vonne Kimme ... Mit Tolettenpapier und Abziehn: ist ihn' alles zu kompliziert, ich mein, ist ja auch keine Kleinigkeit, ausse Steinzeit mit ein' Sprung inne europäische Kultur, also, in ein modernes WC rein ... aber Ali kann de 38er vonne 112er unterscheiden ... und du hast Abitur und bist da echt zu blöd zu ... Naja, hat er nie was gesagt, immer bloß mit sein' angeberischen Grinsen, wo er Werner, mein Kollege, und mich: will er mit reizen! Klar, daß wir uns das nicht bieten lassen! Ich mein, diskutiern kann jeder mit uns, aber beleidigen lassen wir uns noch lange nicht! Und von so ein' schon gar nicht! Und hab ich ihn gestern meine Zeitung unter de Nase ... mit diesen Artikel, wo se de Todesstrafe für Terroristen in fordern. Und für diese Sümpatisantenbande! Habn de Besatzungsmächte ja damals auch mit unse Generäle in Nürnberg, wo die doch weiß Gott gar nix ... und für Hitler seine Verbrechen: warn die doch unschuldig an! Weil se ja bloß als Soldaten anne Front ihre Pflicht den Volke gegenüber, und von diese komische Lager habn se überhaupt nix gewußt! Ich mein, denn hätten se Schörtschill auch an' Galgen

... wo der unse Lazarettstädte mit seine Bombenhagel ... war seine Schuld ... ist wissenschaftlich erwiesen ... aber zun Dank, daß er unse Verwundete und Fraun und Kinder mit Fosforbomben über, kriegt er bei uns Literaturpreise! Ist doch wahr! Als wenn da son Rausch von Erniedrigung über unsen Volk ... oder wie seh ich das! Jedenfalls unse Leute habn se damals schön langsam an' Galgen hochgezogen ... also, nicht, daß se inne Falluke runter, wo ein gleich das Genick durch ... und dauert das bloß paar Sekunden ... nee, unse habn se 30 Minuten lang zappeln lassen ... mit Schaum vorn Mund und blaue Zunge und raushängende Augen! Mußt dir mal vorstelln! Und vor se ganz tot, habn se se runter ... und mitte eisenbeschlagene Stiefel inne Gesichter rein ... alles ein Matsch ... einfache amerikanische Soldaten ... also, auch Neger mit bei, mit ihre Stiefel inne Gesichter von unse Generäle ... als eine Demütigung, weil wir nach 6 Jahre tapferen Ringen doch noch verlorn habn gegen de Übermacht ... und dazu habn se immer geschrien: Deutschland kaputt!

Wollten se ja unsen Land damals: Sollte ne Wüste werden ... ohne Industrie ... mit 'n bischen Viehzucht ... wie inne Türkei ... Gab das echt 'n Vierjahresplan für ... von ein' jüdischen Politiker ... Aber denn habn se uns doch als Soldaten gebraucht gegen de Russen ... Naja, weiß ich noch, wie ich damals als jung' Menschen ... ich mein, da warn ja meine Ideale damals: warn ja mit ein' Schlag in ein' Scherbenhaufen ... weil Deutschland: lag ja an' Boden ... nach sein' sechsjährigen Ringen gegen de ganze Welt ... Aber hab ich mich damals doch irgendwie ... als da inne Zeitung: daß unsen Reichsmarschall: hatte sich mit Gift der Gerechtigkeit ... sollte er sich entzogen habn! Wie die gegeifert habn! Ich mein, hatte Hermann se doch noch in ein' letzten Streich ... die habn sich doch aus Wut inne Hacken gebissen! Aber er hatte ja schon immer Humor, unsen dicken Hermann. Gab ja auch viel Witze über ihn. Adolf hat das ja nicht gelitten ... wenn du ein' Witz über den Führer: gingst du ab in'

KZ. Da hat er kein' Spaß in verstanden. Aber Hermann in seine Gemütlichkeit: wenn de Gestapo da wieder so ein' armen Teufel vor ihn, der ein' Witz über ihn ... zun Beispiel über sein' Bauch oder de vieln Orden und Uniform' ... hat er sich den Witz von de arme Sau erzähln lassen. Der sich natürlich zuerst geweigert und gestottert ... und wollt er alles nicht wahr habn ... aber als de Polezisten ihn denn bischen mit ihre Gummistäbe: hat er denn doch ... und Hermann mit seine laute, herzliche Lache ... also, wenn der Witz gut war, hat er ihn sogar noch ne Belohnung ... und wurde auch nicht eingesperrt! Hat er ihn so wieder laufenlassen! Das war Hermann! Und hat er mit sein' Gäg ... diese sogenannte Befreier ein letzten Schnippchen mit sein' Züankali ... Aber nu diesen feigen Selbstmord vonne Terroristen ... wo da grade jetzt in unsen Volk de gesunden, de posetiven Kräfte wieder an das Tageslicht ... und hatten diese Tüpen wohl Angst vor, was da noch auf se zukommt ... Jedenfalls, als ich diesen Artikel von meine Zeitung unsen Student unter de Nase, er in seine ungeheuerliche Taktlosigkeit: daß er da betroffen über ist! Ich denk, mir falln de Ohrn ab, als ich das hör! Betroffen sagt der. Naja, noch habn Werner und ich ... ich mein, wir könn' uns ja beherrschen, und Werner sogar noch mit sanfte Stimme: Achso, ja, und er ist auch betroffen. Und: de arm' Schweine ... also, wollten wir ... du verstehst, nicht? ... Wenn das umme Demokratie geht, muß auch der einfache Bürger schon mal ... mit son paar taktische Tricks ... genau wie diesen liebenswürdigen Kriminalkommissar ausse Glotze, also: der Alte, mit was für eine Unschuldsmiene der de Ganoven immer vorspinnt, daß er bei ihn' als Berater mitmacht, also, richtig vertrauensvoll, aber will er ne halbe Milljon Mark für seine Mitarbeit ... und falln die auch tatsächlich auf rein! Und grade wenn se de Quittung unterschrieben habn, er immer mit ganz vorwurfsvolle Stimme: ob se ihn echt geglaubt habn, daß er als ein Beamten bestechlich ist ... also, sein Gehalt ist ja man klein, aber ein deutschen Beamten ist eben nicht bestechlich

... und entschuldigt sich noch mal ... und denn komm' auch schon de Peterwagen ... mit ihre Martinshörner ... und läßt er se hochgehn, und de unterschriebene Quittung ist ein unumstößlichen Beweis!
Also, mit sonne vertrauensvolle Miene wir denn auch zu den Student: daß de Terroristen: tun uns auch leid. Und nu er ... also, kann ich nur zu sagen: Abgründe! Aber war ja schon immer so! Hat er sogar, als da vor paar Wochen son Extremist mit ne Sammelliste in unse Abteilung ... hat er für ein' neuen Zahnersatz für ne Terroristin gesammelt, also: hat unsen Student sich an beteiligt! Da falln unse billige Starfeiter von' Himmel mitte tapfere Piloten in, weil unse Bundeswehr: kann sich keine bessern Flugzeuge leisten, und diesen Studenten spendet für sowas! Vielleicht sogar von de Gelder, de er von' Staat aus ... von den sauern Schweiß vonne Steuerzahler ... als Studentenrente ... und gibt er aus für ne Terroristin! Mußt dir das mal plastisch vorstelln! Ich mein, ist ja sowieso Quatsch, wo die doch dauernd in' Hungerstreik, und soll man se doch lassen, aber diese Sümpatisanten-Regierung natürlich: müssen se diese Verbrecher natürlich mitten Geld vonne Steuerzahler mit Schläuche de wertvolle flüssige Astronauten-Nahrung in de Rachen rein! Ich mein, da brauchen de ihre Zähne doch gar nicht! Und son bischen Karies! Da hat unsen Volk in' zweiten Weltkrieg ganz andere Sachen durchgemacht ... zun Beispiel mit Schörtschill seine Terrorangriffe, wo er als Dank vonne Deutsche noch den Friedenspreis für gekriegt hat!
Und wenn das mitte Karies wirklich mal bischen an' Nerv: da wissen die mal, wie das ist, wenn man Schmerzen hat. Ich mein, ist ja für diese Brüder viel zu wenig ... aber vielleicht denken se da mal über ihre Verbrechen nach! Oder man kann den Zahn ja mitte Zange ... so ... wer Bomben wirft, braucht keine Betäubung! Und denn de Lücke so lassen. „Mut zur Lücke" würde mein Freund Werner in sein' Humor, und: mußt dir mal vorstelln, de halten ihre Hetzreden mit ne Zahnlücke: da macht sich

doch jeder vor Lachen inne Hose! Und wär diese Lücke sogar ein Beitrag für unse freiheitlich-demokratische Grundordnung! Aber unsen Student will ein' Zahnersatz finanziern! Mußt dir mal diese menschliche Haltung vorstelln, die da hinter steht! Und wenn das kein Unterwühln vonne freiheitliche Grundordnung, weiß ich nicht ... ich mein: wär ja sowieso rausgeschmissen gewesen, weil diese Brüder ja mit ihrn Selbstmord ... und unsen Student ist betroffen! Wenn da mal in Ernst über nachdenkst: ist das ja fast so schlimm wie Böll und de andern Sümpatisanten, de de Terroristen unterstützt habn. Warn ja sogar Pastorn mit bei! Pastorn! Wo de doch nu wirklich ... schon von ihrn Beruf her ... sollten se ein Vorbild sein! Da weiß man doch wirklich manchmal schon nicht mehr, was oben und unten ist, wenn sogar de als Wölfe in' Schafspelz ... Und sollte man diese ganze Sümpatisanten-Bande ... wo soll denn das noch hinführn, wenn das so weitergeht: sollte man die endlich mal wieder zur Vernunft bringen! Ich mein, Anzeichen für ne posetive Entwicklung gibt das ja ... will ich auch nicht verzweifeln ... aber was unse demokratiche Befreier damals nach '45 mit de deutsche Politiker ... könn' wir als vorbildliche Demokraten von heute doch erst recht ... Klar, nicht so grob ... daß man mit Nagelstiefeln in de Schweine ihre Fressen rein ... wie se das verdient habn, und de Amerikaner habn in Vietnam ja noch ganz andere Sachen ... Aber, wenn man das 'n bischen wissenschaftlich-human: zun Beispiel mit Elektro-Schock ... da gibt das ja noch nichtmal bleibende Schäden! Hab ich mal son Film gesehn ... und glaubst gar nicht, wie friedlich der Verrückte hinterher war, den se de Birne mal kurz mit ein' Stromstoß ... also, de Gehirnwindung' wieder gradegebogen habn! Ich mein, wenn das nix hilft, gibt das natürlich noch andere Wege, mein Lieber, rauh, aber herzlich! Und wer uns kaputtmachen will, also, soll de kämpferische Demokratie mal kenn'lern! Und wenn diese Anarchisten ... wir mal kurz: Bajonett auffe Plempe und in ihre dreckige Wampe rein, daß der Astro-

nautenfraß da gleich wieder rausspritzt! Und könn' se froh sein, wenn wir se nicht inne eigene Därme einwickeln ... Ich mein, die müssen doch endlich mal wissen, daß wir kein' Spaß machen, wenn das um diese Bundesrepublik geht! Lange genug habn die das gutmütige Volk ja gereizt, da müssen se sich denn auch nicht wundern ... und mal ist de Geduld zu Ende! Und solln se sich gesagt sein lassen: de guten, gesunden, also, wollmasagen, posetiven Kräfte gibt das noch in unsen Volk! Sind bloß 'n bischen verschüttet, aber wenn man uns ruft, sind wir da!
Was aus diesen Studenten geworden ist? Ich mein, hätte sich ja auch das Genick brechen könn', als er in sein' Arbeitsunfall vonne Ladebühne runter ... und in 8 Wochen macht er sogar schon wieder seine erste Gehversuche ...

VOLKSGUT

Also, wenn wir bei unse Familienfeste, und Onkel Max hat ein' kleben, er immer mit sein' weichen Kern hinter de rauhe Schale – denn sollst mal sehn, wie der mitte Türken umspringt bei seine Firma, also: hat er ja nu das Kommando über de Aufwischgäng, und sind Türken – Jedenfalls, nach 'n 8. Korn ihn immer de Trän' ausse Augen raus, und singt er denn immer entweder: Morgenrot, Morgenrot, leuchtest mir zun frühen Tod ... oder diesen: Ich weiß nicht ... also, was das bedeuten soll ... Und sind ja diese starke Volkslieder. Und sagt Onkel Max, kennt er schon aus sein' Lesebuch aus seine Schulzeit ... habn se immer auswendig ... und wehe, das klappte nicht, denn hat der Lehrer ihn mit sein' Bambusrohr 12mal: von' Himmel hoch, da komm ich her, also: strichweise Niederschläge, und hatte er immer fingerdicke blaue Striem' hinten. Aber er natürlich als deutschen Junge: Zähne zusamm' und sich bein Mittagessen ohne mitte Wimper da aufgesetzt! Hat kein' vonne Familie was gemerkt! Und später in' Krieg hat Max denn ja auch das EK I in seine Tapferkeit, wo er zwei Russenpanzer mit geknackt hat. Jedenfalls: an deutsche Volkslieder und Gedichte hat Max laufende Meter drinne, und ist er sein' alten Lehrer heute noch dankbar für, weil er das jetzt erst alles begreift ...

Naja, hat Max sich ja bei den Lied, mit den: daß er nicht weiß, was das bedeuten soll, hat er sich auch wahnsinnig bei angestrengt, aber nu kommt der Hammer: war gar kein Lied aus den Herzen von den deutschen Volk, sondern bloß von ein' jüdischen Autor! Ich mein, das ist ja tatsächlich peinlich, wenn ein Ausländer ein' deutsche Seele beibiegen muß ... und kann man sich richtig vorstelln, wie er in seine Tücke: de Leute glauben, daß das ein Volkslied, aber ist von ihn, also: April! April! Naja, nu gibt das ja heute auch noch diese einfachen, herzhaften Sachen aus den Volke, zun Beispiel de Witze. Hab ich schon oft zu Erika, wer sich das wohl alles ausdenkt! Zun Beispiel den: Baader und Enßlin wolln heiraten. Den Schleier habn se schon, aber der Strauß fehlt ihn' noch ... Ich mein, ist ja heute alles nicht mehr aktuell ... und über de Schleyer-Sache gibt das ja nu schon bald 'n Dörrbritsch-Krimi als Serie ... und über unse tapfere Grenzschutz-Leute ein' Kinofilm, also, inne Art vonne Juden ihrn Entebbe-Streifen, aber warn unse Leute ja noch besser ... Inne Zwischenzeit passiern natürlich laufend Wahnsinns-Sachen, und gibt auch sofort wieder Witze über ... wo du an sehn kannst, wie der Geist von unsen Volke auf Hochturn arbeitet! Und daß das in Wirklichkeit vielleicht alles von ein' jüdischen Autor ausgedacht ist wie bei den Ding mitte Loreley: glaub ich nicht! Soviel Witze kann ein einzelnen Autor gar nicht erfinden!

PLATT

Also, weiß ja jeden, daß du mit diesen Plattdeutsch, ich mein, kannst du gar nicht lügen, weil diese Sprache ist echt echt ... kommt so richtig aussen Herzen ... oder sogar aussen Gemüt raus ... und hört sich auch alles nicht so hart an ... zun Beispiel, wenn du sagst: Schietbüdel, und heißt auf hochdeutsch: Scheißbeutel ... richtig gemein. Und was das Schönste an diese alte Sprache: ist ihr Humor ... und falln dir bestimmt nu auch alle diese Ohnesorge-Stücke ein, wo du so richtig von Herzen ... aussen grauen Alltag raus ... In' Fernseh kriegst das ja gar nicht mit, weil se da in diesen verkehrten Missingsch ... ich mein, de Bayern mit ihre Stücke brauchen ihr Idiom ja nicht übersetzen! Die könn' mit ihrn unverständlichen Gesabbel auffe Norddeutsche los, aber uns ist das verboten, daß wir uns mal revanschiern! Naja ... seh ich mir diese Sachen jedenfalls immer in Leif auffe Bühne an ... wo diesen herzhaften Plattdeutsch gepflegt wird. Aber neulich, also, was soll ich sagen, da habn se doch sogar da ... ich mein, nicht ein Gäg in den ganzen Stück! Kein Besoffenen in ... oder daß ein' de Hose verliert: nix! Und wärn in den Stück sogar sowas von starke Möglichkeiten gewesen, weil: kam' Schwule in vor! Habn se noch nichtmal vonne Sprache oder vonne Bewegung' her ... Ich mein, ich bin ja bloß Laie ... aber wenn ich ein' kleben hab ... zun Beispiel, jedesmal bei de Betriebsausflüge, da wissen de Kollegen Bescheid ... und mit ihrn Gröln: daß ich mal ein' auf schwul machen soll ... also, bleibt kein Auge trocken ... und ich bin bloß Laie ... Also, war bei diesen plattdeutschen Stück das Geld richtig rausgeschmissen ... und de Zuhörer: auch echt depremiert ... warn für nix und wieder nix in' Theater ... ich mein, wenn se hier nu auch so anfang' wie in' 3. Programm mit diese schwere Sachen: was soll denn Ohnesorge überhaupt noch! ist denn doch gar kein Sinn mehr in! Und mit den Plattdeutschen ist das doch genauso! Habn de Vereine das in ihre Mühe ganz umsonst so ... wollmasagen ... gepflegt ... und solln de modern' Autoren doch in ihrn 3. Programm bleiben, wo se hingehörn und kein' Schaden anrichten könn', aber nicht unse schöne Moderspraak, daß se uns die auch noch kaputtmachen ...

VERBRECHER

Also, bei diese Verbrecher gibt das ja auch sonne Art Modeströmung'. Zuerst war ja vor 70 Jahre diese Anregung aus England von diesen Jäck the Ripper. Der ist nachts immer an diese sündige Dam' ran und se nach 'n Preis gefragt, aber war ihn wohl irgendwie zu hoch, und hat er sie denn mit sein' Messer ... also, sahn de Dam' hinterher aus wie Fritten Willy seine Körriwürste ... und war danach noch lange Zeit Aufschlitzen „in", bis denn, und war wieder ein Engländer, der de Leichen von seine Opfer inne Badewanne mit Salzsäure rein, sind denn alle durch 'n Abfluß gegang' ... Hat sich diese Sache lange gehalten ... war ja auch umweltfreundlich, bis denn unsen deutschen Modemacher mit seine Methode, und mein ich Fiete Honka mit ... ist ja heute fast sonne Art Christian Dior unter seine Kollegen, und hat Ede Zimmermann schon seit Monate immer diese Stücke in seine Sendung', und pusselt er mit rum ... aber hat er immer paar Körperteile über ... Naja, ist ja witzig, aber für ihn echt ne Blamasche. Und hat er aus diesen Grunde de Verbrecher noch schärfer den Kampf angesagt, und er: daß das ein' langsamen Prozeß ist, und wo wir „Verbrechen" zu sagen, ist bloß der letzte Ausbruch von diese Krankheit, also, wie ein Furunkel, wenn er aufgeht. Und muß man da schon vorher eingreifen, daß das gar nicht zu ein' Ausbruch kommt. Ja, und nu gibt er immer diese Beschreibung', wo man bei de Mitmenschen ganz genau an erkenn' kann, ob se original 'n Verbrechen plan' oder sind zun Beispiel bloß Beamte vonne Steuerfahndung. Und was bei den ein' echt ist, ist bei den andern bloß sonne Art Tarnung, wo man mit getäuscht wird, also, wie inne Natur bei

de Pilze ... Klar, de schlimmsten Verbrechen komm' natürlich ausse trübe Quelln von diese Anarchisten, und wird nu immer inne Glotze gezeigt, wo man diese Tüpen an erkenn' kann: zun Beispiel, wenn ein von deine Nachbarn: ist in so Bevölkerungsinitiativen in wie bei diesen Brokdorf, oder daß in Eppendorf ein Kinderspielplatz inne Wege geleitet werden soll, klar, daß das ein Kommenist in seine ungeschickte Tarnung, aber wenn da ein alten Sozialdemokraten auffe Jusos schimpft, da würdst du als Laie doch sagen: ist ein von diese staatstragende Elemente. Braucht er aber nicht! Denn wenn er nu noch unbezahlte Überstunden, und de Buchführung bei ihn ist auch in Ordnung und hat kein' Bausparkredit bei de Hessische Landesbank aufgenomm', denn ist das ein' vonne ganz Schlimm', und brauch ich bloß Gilljohm zu sagen!
Klar ist auch, wenn de Eltern Pastorn sind ... Aber wenn einer immer „von arbeitende Bevölkerung“ seibelt oder war mal bei de Jusos ein hohes Tier, hat das garnix zu sagen ... ich mein, da kannst du sogar ganz schön auffen Holzweg, weil: hat unsen Kanzler ja auch mal durchgemacht ...

VORGEBURTLICHE ERZIEHUNG

Mein Freund Werner sagt, wenn eine Frau 'n Kind kriegt, daß se sich nur mit angenehme Sachen beschäftigen soll, und nennt sich vorgeburtliche Erziehung. Er damals auch, bevor sein Ältesten, also, immer wenn dieser Idi Amin inne Glotze, er hin und ausgeschaltet, und auch bei diesen süddeutschen Spitzenpolitiker, und Filme wie diesen weißen Hai oder über diese Endlösung vonne Extremistenfrage: „Ein Mann sieht rot", also, hat er seine Ehefrau gar nicht erst erlaubt.

Und durfte bloß noch diesen liebevollen Professer Tschimeck oder Kulenkampf oder diesen Herr Löwenthal mit seine gütige Stimme ... und daß der Kleine heute alles vonne Tische reißt, liegt bloß da an, daß Werner seine Frau mal ne Sendung mit Dieter Hildebrandt ...

Ich mein, das fing doch schon in' Altertum an, wo de eine römische Kaiserin jeden Tag in' Zirkus. War aber damals noch spannender als heute unse Haesvau-Spiele oder de Rennen auffen Nürburgring, und was der weiße Hai heute bloß auffe Leinwand, habn se damals in Leif gezeigt mit diese Christen, weil se de in diese Zeit für Radikale gehaltn habn. Ich mein, vielleicht war de Kirchensteuer damals wirklich noch höher ... oder daß se bloß de Kerle von' „Wort zun Sonntag" vor de Löwen geworfen habn. Jedenfalls gibt das sowas heute ja nicht mehr, daß se zun Beispiel unse roten Lehrer ... ich mein, hätte Professor Tschimeck wohl auch gegen protestiert. Jedenfalls de römische Kaiserin mit ihrn Zirkus-Abonnement und auch noch de brutalen Wagenrennen und wie sich die Glaziatoren inne Haare, also: hat schon auf ihrn Sohn abgefärbt als der noch gar nicht auffe Welt war, und war Nero. Ne, nicht diesen Schäferhund von Lehmann, wo de Postboten bloß noch ihre Briefe hin, wenn se n' Edelstahlboden in ihre Diensthosen, sondern diesen Herrn, der sein' Lehrer so furchtbar ärgern wollte. Ich mein, der hat sich aber gar nicht geärgert, und war Nero auch echt sauer über und immer dollere Streiche. Aber der Pädagoge: immer ruhig! Und wollte er diese Ruhe, daß se auf Nero abfärbt, wollte sozusagen als ein Vorbild wirken. Und als Nero zu ihn, daß er sich de Pulsadern aufschneiden soll, und wollte mal sehn, ob er immer noch so ruhig, der Lehrer das auch gemacht. Sollte sein Tod sozusagen als ein lebendiges Unterrichtsbeispiel ... Hat aber nix genützt. In Gegenteil: nach sein' Lehrer hat Nero seine Familie umme Ecke, und später hat er denn de eigene Vaterstadt mit Feuer ... also, fast so schlimm wie unse Sanierung inne Hamburger Neustadt ... Klar, daß wir für Nero überhaupt keine Sümpathie, wenn er auch mit seine Behandlung vonne Lehrer ... ich mein: kann man heute wieder von lern' ...

NEUE METHODEN

In meine Schulzeit habn de Lehrer in' Fach Geschichte, wollmasagen, nur de wesentlichen Sachen, also: Zahlen abgefragt! Oder in Deutsch: Gedichte! Daß de Schüler sich an diese erschütternde Sachen mal 'n Beispiel nehm', zun Beispiel an diesen starken John Maynard, der bei ein' Brand von sein Schiff langsam verkohlt ist, ohne sein' Platz zu verlassen, nichtmal, daß er bloß mal eben ne Koka ... Und ohne, daß er da rumgesabbelt hat wegen Hitzezulage. Sagt unsen Scheff auch immer, wenn die ausse Exporthalle zu ihn komm' wegen ein' Hitzezuschlag, wenn de Temperatur über 40° rüber, oder daß da zumindest ne Klimaanlage reinkommt. Denn der Scheff: was se denn für ne Lehre aus John Maynard gezogen habn, und ob das Bildungsgut bei se als Perlen vor de Säue oder was, und sollten sich schäm'!

Oder, wenn das bei de Gedichte heute kein' Sinn mehr abgibt, zun Beispiel diese Sache vonne alte Waschfrau, weil das heute ja vollautomatisch, daß man sich durch das Auswendiglern wenigstens 'n bessern Ausdruck angewöhnt und zuletzt original so spricht wie diesen Schiller ...

Ich mein, was habn de jung' Leute – sogar de jüngern Lehrer – über diese Methode geschimpft, und wollten se als Ersatz für de Gedichte: diese Kreativität, wo de Schüler bloß so rumspinn' ... ohne ernsthafte Anstrengung, und daß das modern ist! Aber heute komm' se doch wieder auffe bewährte Sachen zurück, von wegen: ohne Fleiß kein' Preis ... Und hat in unse Zeitung gestanden, daß das peinlich ist, weil se diese Erkenntnisse, also, solln se ausgerechnet von unse türkische Gastarbeiterfreunde habn! Weil: die in ihre Schulen: müssen de Görn schon um sechs Uhr morgens da sein! Und denn sagt ihn' der Lehrer ein' Satz aus ihrn Koran vor, und müssen se wiederholn bis das sitzt! Ich mein, als ich das gelesen, hab ich in meine Sensebeletät, also, richtig feuchte Augen, weil: war original unsen Konfirmandenunterricht, und den Klein' Katechismus hab ich heute noch drin, weil: unsen Paster hat uns auch de Bibel umme Ohrn, wenn wir da mit was durchnandergekomm' sind, genau wie de türkische Kollegen mit ihre Schüler ...

MOTIVATOR

Ich mein, hab ich mich neulich ... war schon spät und hatt ich den Klein' grade mit meine väterliche Autorität, daß er inne Falle ... ich mein: war ne Backpfeife, aber, wollmasagen, auf asiatisch, weil inne Glotze vorher diesen starken Beitrag aussen Gebiet vonne buddhistische Filosofie ... ich mein: Kung Fu ... und ist nu schon de dritte Kieferklammer von den Klein', de inne Brüche gegang' ist ... und mitmal klingelt das anne Haustür. Ich anne Tür, und stand ein Herr mit ein' Blum'strauß! Und wollt er mir inne Flosse. Erst dacht ich, daß er mich von' Müttergenesungswerk aus für ne Spende anlinken wollte, de arbeiten ja mit Blum', aber er: ne, und besucht mich in meine Eigenschaft als Kommunalpolitiker. Also, bin ich ja nu in' Gemeinderat, vonne Freie Wählergemeinschaft aus, weil unsen Nachbarn nach seine unglückliche Wette, daß er 20 Soleier ohne zu kauen runter, ist er ja leider in' Kasten gesprung' ... Ich mein, war ja eigentlich wegen seine aufgeblähte Körperform mehr ne hohle Holzkugel mit so Zapfen zun Anfassen, und hat der Tischler ein' sagenhaften Aufschlag für genomm', denn verarbeit du mal grade Latten auf rund! Und der Totengräber: auch 'n Aufschlag für de runde Grube, weil er an längliche gewöhnt ist, und als se mit diesen Sarg auffen Friedhof, und der Paster sein' Kopp hoch von sein' stillen Gebet, hat er ihn gleich wieder runter ... Aber nach hinten! Und kam von ein' Herzinfarkt, weil er in sein' Schreck: hat er geglaubt, das wärn welche von' weichern Kern von Baader-Meinhof und komm' da mit ne original Mine angesockt, und hat er jedenfalls diese Sabbotasche mit den Umkippen losgemacht und keine Predigt ... dabei wärn doch eigentlich zwei Predigten fällig gewesen, nämlich noch eine drauf für sein' eigenen Leichnam ... Jedenfalls bin ich durch diese Vorsehung inne Poletik reingekomm'. Und die Herrn: ob se in mir de Leitung von' Schul- und Kulturausschuß sehn, und ich in meine Bescheidenheit: daß meine Persönlichkeit, also, ist original der Schul- und Kulturausschuß. Und da der eine Herr: daß se ihrn Weg zu mir geführt habn wegen mein' Einfluß ... ich mein, hab ich ja auch, weil für jeden Kasten Kreide, der bestellt wird, muß ich mit meine Unterschrift für gradestehn, weil das ein Lehrmittel ist! Oder für de schwarze Farbe, wenn de Wandtafel wegen ihre Abnutzung wieder übergemalt wird oder wenn ein' neuen Zeigestock angeschafft wird ... Ich mein, was an unse Schule für ein Verschleiß an Zeigestöcke ist, machst dir gar kein Begriff von, aber dafür läuft der Unterricht auch, und wenn der Pädagoge morgens: „Morgen", de Schüler: hoch wie ein Mann, und wie aus ein' Munde: „Guten Morgen, Herr Lehrer!" Also, kein Nachklappen und nix! Wie ne Parade vonne Ostzonen-Garde zun 1. Mai, wo se dir mit ihrn Stechschritt als alten Preußen original das Wasser inne Augen treiben ... wenn du dagegen ne Kompanie von unse Wehrmacht, also, komm' da längsgesockt wie 'n Kegelverein auf ne Vatertagstour ... muß man sich richtig vor de Zone schäm'!

Also, ich denn zu de Herrn: ob ich wieder Kreide bestelln soll oder neue Zeigestöcke? Soll ja nu auch welche aus Kunststoff geben. Oder Farbe? Weil das sind ja, wie gesagt, de einzigsten Lehrmittel an unse Bildungsstätte. Aber sie: nein, und das gibt noch was, aber echt modern, und ob ich mich gegen den Fortschritt und de Bildungsreform stemm' will oder was, und soll man diese progressive Sachen nicht de Linken überlassen, und sie: daß se von „Bläck und Decker" sind. Klar, daß ich in mein' Humor, ob ich de Bohrmaschine bestelln soll für Löcher inne Köppe rein für diesen Nürnberger Trichter, aber unse Pädagogen machen das noch von Hand wegen den goldenen Boden von das Handwerk ... Und de Herrn: nein, und wegen sonne lumpige Bohrmaschine sind se nicht gekomm', und auch nicht, daß se ein' von ihre modern' Moosabsauger für das Strohdach von unse Schule loswerden wolln, und dies ist ein echt großes Projekt, wo se meine menschliche Verantwortung mit ansprechen wolln, und ist eine Entscheidung für oder gegen de Zukunft von mein Volk, und kann ich mit meine Unterschrift ein avangardistischen Vorreiter sein für alle Schul- und Kulturausschüsse, oder ob ich will, daß unse Jugend keine Garanten mehr sind oder vielleicht sogar vor de Hunde gehn! Und wenn ich ein Extremist bin, soll ich das gleich sagen, aber könn' se gar nicht glauben wegen meine einfache und ehrliche Gesichtszüge. Und ich: daß se damit recht habn, und was nu anliegt, und wenn einer für Bildung und diese abstrakte Sachen aufgeschlossen ist, denn bin ich das! Aber wenn ich nu vielleicht diese Landkarten bestelln soll fürn Unterricht, also: mach ich nicht mit! Weil: erstens verlernt der Pädagoge das Zeichnen, und zweitens, also, dauernd diese Veränderung' mitte Kolonien, zun Beispiel, wolln se nu sogar, daß aus unsen Deutsch-Südwest in Afrika: wolln se ein' Staat aus machen! Oder aus diesen Belgischen Kongo! Ich mein, damit fängt das an, und bei de Zone hört das auf! Und wenn ich ein' von diese radikaln Landkarten bestell, arbeit ich doch mit für diese Anerkennung! Und ich: ob die Herrn vielleicht Agenten sind, weil: die verkleiden sich ja auch mit ihre 1000 Masken, manchmal sogar wie feine Herren, daß du echt nie auf kommst, daß das Kommenisten sind. Und ich in mein' demokratischen Eifer: daß se das zugeben solln, aber sie: gar nicht an zu denken! Und mitmal einer vonne beiden: daß er, also, kann er mit ein paar Sätze mein Vertraun wieder herstelln, und muß ich mir dabei vorstelln: ich bin ein japanischen Spitzenpolitiker oder aus Süddeutschland oder ein Prinzgemahl ausse Niederlande, und sie sind von Lockhiet. Und ist dies genau dasselbe, bloß daß se von „Bläck und Decker", und ich mit mein' kulturelln Einfluß auffe Lehrmittel. Und sowas gibt das bloß inne westlichen Demokratien ... Und wenn ich ne Bestellung mach, kann ich mir ne 4-Wochen-Reise für zwei Person' nach Mallorca aussuchen oder 600,– in bar! Klar, daß mich diese Ehrlichkeit, also, hat mich überzeugt, und ich: daß se meine Unterschrift kriegen, und was ich bestelln soll. Und sie: das ist nu das Letzte auffen Bereich vonne Lehrmittel und natürlich voll elektronisch und sonne Scherze. Und ne Vorstufe von diese Sache warn diese Sprachlabors, wo der Lehrer mit ein' Tonband über de Kopfhörer alle Schüler mit seine Vokabeln inne Ohrn rein, und konnten die hinterher mit ihre Antworten de eigene Aussprache hörn, und ist das gegen diese neue Erfindung wie ein Flugzeug aussen Mittelalter gegen de modern Düsenbomber! Und sieht aus wie ein modern' Stuhl, bloß das da so Riem' und Schnüre raushäng', und sind alles Kontakte! Klar, daß man da aufpassen muß, und inne erste Fase hat das einer vonne Lehrer nicht, und hat sein' Schüler auffen Stuhl wohl irgendwie anne falsche Kontakte oder was, jedenfalls, als er den Schalter an, also, der Schüler ... ich mein: war ja hinterher fast 50 cm ein- und schwarz angelaufen, aber vorher: wie ne Wunderkerze ... oder fast sogar wie der Herr Jesus mit sein' Strahlnkranz aus den starken historischen Film, den se zu Ostern inne Glotze. Und ist dieser Knabe ja auch ein Märtürer für de Wissenschaft. Und hat er nicht bloß diese Ehre, weil se von „Bläck und Decker“: sind auch noch für de Bestattung aufgekomm'! Jedenfalls, diese Kinderkrankheiten hat das Gerät nu nicht mehr! Braucht sich der Schüler bloß rauf, wird anne Kontakte angeschnallt, Strom wird eingeschaltet, und denn kann man ihn auf „vollautomatisch“ einstelln. Und ich: was denn nu automatisch abläuft, und ruhig sitzen tun unse Schüler von alleine! Und de Herrn: klar, das tun se heute in jede Schule, aber der Name von' Gerät ist „Motivator“, und werden de Hirnströme vonne Schüler gemessen, und wehe, die schlaffen ab, denn gibt das ein klein' Stromstoß, und schon ist er geistig wieder voll da, und nennt sich Motivation! Oder wenn der Wortausstoß inne Menge nicht so ist, wie er soll, gibt das auch 'n Stromstoß! Klar, wenn de

Worte nicht zun Unterricht passen, also, inne Art von privaten Schwatzen, ist das ne Störung, und merkt de Maschine sofort ... und gibt das 'n bischen stärkeren Stromstoß. Klar, wenn da ein' angaschierten Pädagoge ist, der mit seine Begeisterung frisch vonne Hochschule, kann er de Automatik auch ab ... und alles von Hand schalten, hat er jeden Schüler, wollmasagen, fest in' Griff mit, und kann er durch schwache Stromstöße ermuntern oder sogar motivieren, und durch bischen stärkere, also ... daß er denn kein' Zeigestock mehr braucht für ihre Aufmerksamkeit wieder auffen Unterricht rauf.
Und mit diesen Gerät zeigen se mir, also, echt wie Mose von den Berg mit seine letzte Blicke in das Gelobte Land, also, tu ich ein' Blick inne Zukunft vonne Pädogogik, und ist ne Auszeichnung für Auserwählte! Klar, daß ich in meine Erschütterung ... konnte zuerst nicht unterschreiben, aber als de Herrn denn immer wieder von meine Verantwortung für das Volksganze, und daß de ersten Fachkräfte aus Brasilien und Chile jahrelang an diesen Projekt mit ihre Forschungsarbeiten ... und ob ich will, daß das alles umsonst ist ... hab ich das auch gemacht ...

HAUSMEISTER

Kennst du vielleicht auch diesen Herr Asbach? Also, war ein richtigen Idealisten! Schon von sein' Beruf her! Weil er nämlich mit Leib und Seele bei de Polizei ... Ich mein, de kriegen ja ihre Befehle und könn' da nix für, aber Herr Asbach, wie der sich da reingekniet hat! Zun Beispiel bei diese gefährliche Bevölkerungsinitiative gegen de Atomkraftwerke, wo diese Kommenisten dafür protestiert habn, daß unse Industrie kaputtgehn soll, und de Bevölkerung vielleicht bloß noch mit Petroleumlampen oder vielleicht sogar Kienspäne bein Abendbrot, weil ihn' de Energie fehlt. Also, hat er den Befehl gekriegt, daß er Ansammlung' auflösen soll, und drei Mann sind ja schon ne Menschenansammlung. Und wenn se ein Flugblatt lesen, sogar schon zwei! Naja, er denn, wie ein germanischen Siegfried mit sein' Gummiknüppel auf diese unmännliche Tüpen los mit ihrn Schiß vor de paar Kraftwerke mit ihre Strahln. Also, ist er richtig in aufgegang', und auch wenn er nach Dienstschluß, daß da paar Person' auffen Haufen: er gleich dazwischen! Zuletzt sogar bei de Bushaltestelln inne Wartenden rein ... War so ein richtigen Drang, konnt er sich nicht gegen wehrn, und habn se ihn denn nach ein' Jahr aussen Polizeidienst raus. Und ist bei eine Schule Hausmeister geworden. Ich mein, inne Schule ist er ja nicht aufgefalln mit sein' Verhalten, und sowie das geklingelt hat, er inne Klassen rein und de Görn rausgetrieben auffen Hof und da verteilt, und wehe, da blieben welche inne Klasse, denn er auf se los, also, hat da aufgeräumt wie Rudel damals bei de englischen Flugzeuge! Ich mein, da sollte man ihn doch dankbar für sein, weil er ... also, hat er de Schüler doch auch mit auf das Leben inne freie Markwirtschaft vorbereitet, aber ein' Tag: kam ein Vater inne Schule und hat sich bei den Rekter beschwert, daß das verboten ist, wenn Schüler verprügelt werden, und gibt das sogar ein Gesetz über! Und war ein Mitglied vonne SPD! Klar, daß der Schulleiter ihn in seine Belehrung: daß das mit den Prügeln bloß für de Pädagogen gilt, und vonne Hausmeister ist in den Gesetz nix erwähnt, und denn soll man auch an denken, daß diesen Hausmeister ein Mensch ist, der von sein' Beruf geformt ist, und auch ein einfachen Menschen, und ist seine einzigste Ausdrucksmöglichkeit, wenn er mit andere Kontakt habn will. Und daß er vielleicht sogar seine Sümpatie mit zeigt in seine unbeholfene Art. Und muß man so ein' Menschen, also, zumindest, daß man ihn bedauert. Zun Schluß hat der vonne SPD richtig geheult in seine Rührung. Wo du an sehn kannst, daß sogar diese verbohrte Tüpen, daß se menschliche Regung' kenn', mußt ihn' das bloß erklärn!

UNVERSTANDEN

Das gibt ja echt Leute, de werden immer falsch verstanden oder, wollmasagen, sogar gar nicht. Zun Beispiel unse Oma mit ihre Laube in' Kleingartenverein, und ist ein Rasen vor. Klar, daß se auffen Rasen ... also, fing ja erst an nach unsen Opa sein' Tod ... und hat se seit diese Zeit diese Zwerge. Stehn auch bloß da und sagen nix, genau wie Opa inne letzte Zeit. Aber sind 7 Stück, also, daß unse Oma original wie Schneewittchen, bloß natürlich bischen älter. Und kann auch nicht mehr so gut kucken, und hat aus diesen Grunde bein Rasenmähn immer de Zwerge bischen demoliert, also, sehn aus wie mein Freund Werner, als ihn damals diese Rockergäng aus Wilhelmsburg aufgemischt hat. Und hat se eine Anzeige aufgegeben, daß sie ein' kräftigen jungen Mann sucht, der ihrn Rasen pflegt, aber war de Anzeige aus Versehen in irgendsonne Aufklärungszeitung reingerutscht, wo auch diese verkommene Ehepaare mit ihre Tolleranz in inseriern, und zwei Tage später, also, sind da so Lollies bei ihr angeglitscht ... aber warn alle irgendwie unheimlich sauer, und konnte unse Oma gar nicht verstehn ...

Ich mein, mir ist ja vor kurze Zeit sonne ähnliche Sache ... wollt ich neulich nämlich mit Erika und den neuen Schlauchboot zun Ausprobiern übern Wochenende an sonne original einsame Stelle anne Elbe. Und stand auch auf unsen Schell-Atlas son stilles Örtchen, und heißt Brockdorf oder so ähnlich. Natürlich ich mir nix dabei gedacht, und mein Freund Werner das erzählt – aber als ich an' Montag wieder inne Firma, ich denk, ich hab 'n Hosenträger verschluckt, labert mich da son Aal vonne Gewerkschaft an: ob ich mal was von Soledarität gehört hab oder

was, und wie lange ich schon bei de Kaoten mitmach, und daß ich mit mein' Dolchstoß de Kollegen 'n Rücken rein, weil de ihre Arbeitsplätze bei de Kernkraftwerke nicht hergeben und wenn ich noch soviel Molotow-Kooktehls schmeiß ... Zuerst dacht ich, daß er von son Kongreß kommt und hat noch ein' von in' Tee ... aber war viel schlimmer, also, hatte echt 'n Furz inne Stirnhöhle und zuletzt sogar Schaum vorn Mund ... Klar, daß ich weggeglitscht, und wen treff ich inne Exporthalle? Den Scheff! Aber nu kommt der Hammer: er auf mich los und de Hand auf meine Schulter rauf und gezwinkert, und daß er mich versteht, wenn ich in meine kritische Haltung nach diesen Brockdorf raus, und er ist auch für Alternativen in diese Sache, und seine Firma kann ganz groß mit Windmühlenenergie loslegen, wenn der Bund de Mäuse für de Forschung rausrückt, und auch sonst ... wenn der Arbeiter ein' Blick in seine Seele, würd ihn das aber wie Schuppen vonne Augen runter ... und er kennt de ganze „Internationale" auswendig, und in seine Studentenzeit hat er mal ne Anarschistin geflörtet ...
Ich mein, ich hatte echt 'n Flattermann und in meine Angst bloß immer gegrinst, denn sonne Kranken soll man nicht reizen, und vielleicht ist ihn tatsächlich ne Sicherung durch wegen seine schwere Verantwortung, die er als Scheff für sein' Betrieb ... das kann sich ein normaln Menschen gar nicht vorstelln ...
Ich mein, neugierig bin ich ja nu doch, warum die alle 'n Knödel in' Gehirn habn ... und muß mit diesen Brockdorf wohl irgendwas nicht so ganz ... schade, daß ich an Sonnabend bein Tappziern von unsen Hobbiraum vonne Leiter ... und de rechte Flosse verstaucht ... sonst wär ich ja tatsächlich original hingefahrn nach diesen Brockdorf ...

PRANGER

Als ich neulich mal wieder übern Rathausmarkt, also, hab ich immer Glück mit: war wieder was los! Zuerst dacht ich: wieder son Hamburger Kultur-Festival, wo de von' Senat de Dichters vonne Hansestadt vorführn, und kriegen für ein selbstgemachtes Gedicht, was se aufsagen, 20,– Mark. Und darf man ihn auch noch für anmachen, daß er ne linke Sau ist, und kann froh sein, daß man ihn mit sein' Gekritzel nicht auf son Scheiterhaufen rauf wie de Nazis damals in Berlin ... und denn kannst sehn, wie ihn' de Muffe eins zu zehntausend ... und kriegen so ein' Flattermann, daß se knapp noch ihre Blätter halten könn' mit ihre Werke drauf, also, richtig son bischen humorvoll alles. Und in' Grunde auch harmlos, und daß son ältern Autor ausse Lüneburger Heide da mitmal mit sein' Herzen vornüber ... also, kann auch an sein' schwachen Kreislauf gelegen habn, und wer vonne Autorn kein' Spaß versteht, soll eben nicht nach Hamburg komm'!

Als ich näher ran, war das aber kein Autor, weil du die gleich an ihre bischen gebückte Haltung und an ihre unnatürliche Stimm' erkenn' kannst, ne, dieser hier war richtig ... wollmasagen, ungezogen! Erstens, weil er immer laut gegrölt hat. Und denn, *was* er gegrölt hat! Daß er nämlich 'n Extremist ist! Ich mein, das ist ja nu doch, und de Leute denn auch in ihre gerechte Empörung: wo wir denn leben oder was, wenn man das in alle Öffentlichkeit zugeben darf! Aber zwei kräftige Männer ihn gleich de Arme auffen Rücken und auf son Holzpfahl zu, der zu diesen Zweck inne Erde, und warn zwei dicke Ketten an, und habn se ihn mit angetüdert. Aber statt er nu seine Klappe, er immer wieder: daß er ein' von diese Radikaln! Und nu, brauchst das nicht zu glauben, aber standen zwei junge Leute inne Nähe mit Körbe, und inne Körbe: Tomaten! Natürlich schon bischen vollreif, und aus diesen Grund echt zu teuer, weil: Stück ne Mark ist ja wirklich ... also, kann sich bloß de Eliete leisten! Naja, ich in meine Opferbereitschaft und als guten Demokrat trotzdem: halbes Dutzend, wenn die auch als Geschosse nix warn wegen de Weichheit, und mußte auch ganz nahe ran an diesen Schreihals, aber als ich grade ... de Leute: ganz laut gelacht! Und ein Kerl mitten Tonband und Mikro: daß das 'n Experiment war: ob ein Pranger bei uns möglich ist oder was, und war von' III. Programm! Klar, daß ich in mein' Humor ... und hab ja auch zun Beispiel selber de Stifte von unse Firma zun 1. April zun Kundendienst von Karstadt geschickt, und sollten fragen, ob se noch Gummibäume zun Vulkanisiern annehm', aber diese Sache ist doch echt mit de Grenze vonne Geschmacklosigkeit überschritten! Und son Humor wie die von' III. Programm hab ich auch, und ihn' de übrigen fünf Tomaten auf das Tonband geknallt!

ANNEGRET IHRE INTRESSEN I

De Annegret von Niermanns über uns, also, ist richtig so ein modernes Mädchen mit kritsche Fransen-Jiens an, und warn ihre Eltern sogar mal in Sorge, daß se eine von diese linke Extremisten, weil se rechts neben de Poster von Heino: hat se ein' von diesen Schee mit seine progressive Baskenmütze, und paar Wochen lang sogar mal Mao mit sein' Wahnsinns-Luck. Aber hat se nu doch wieder diesen Popper Bernd häng', weil se zweite Vorsitzende von sein' Fän-Club ist. Klar, daß se auch diese moderne Zeitschrift für junge Menschen, wo immer diese Fotos von Bernd in und de Texte von seine Elpis und sogar seine Lebensgeschichte. Aber natürlich auch diesen progressiven Arzt, der immer: daß de Jugend, also, auch schon Sex habn muß, aber natürlich gekoppelt mit diese Behutsamkeit und Sauberkeit, und solln nach jeden Kuß Viertelstunde gurgeln, und bei ein' Türken sogar mit Odol oder ein' andern Desinfektionsmittel. Und wenn de jung' Männer in ihre Triebe de Mädchen untern Pettingkoht, solln se Händewaschen nicht vergessen, natürlich vorher, und Nägelschneiden ... und dabei denn auch diese Zärtlichkeit, weil das sonst ein Schock für de Dam' ... solln se mitte andere Hand über de Haare streicheln, also, wie Marie Schlei auf ihre Afrikareise mitte Negerbäbies, und wenn einer mit diese Sache Probleme, solln se an ihn schreiben.
Klar, daß Annegret auch vonne Bildung her echt ihre Bedürfnisse, weil: kennt jeden Band von diese starke Angelique-Serie mit diese historische Dame, wie se mit ihre Unschuld von Lande ... also, hat ja ein Wahnsinns-Pech mit gehabt, weil se bei jeden Herzog und Grafen und Kardinal und Pirat und König, den se

kenn'gelernt, also, der gleich aus seine seidene Pumphose raus und mit seine weiße Flatterperücke auf dieses reine Landkind los ... und so weiter und so fort, und in' Hintergrund denn diese Stilmöbel und leise Schembalomusik, also, echt historisch ... und aussen Leben gegriffen ... ich mein, das kann auch an diese Angelique gelegen habn, weil die ja von' Lande, und da habn se ja alle diese gesunde Gesichtsfarbe ... also, sonne Art Alma Hoppe ausse Unox-Reklame ... und son König oder Kardinal, die stehn wohl auf sowas ... ich mein, Annegret ihr Scheff ja auch ... zun Beispiel mit seine dauernde zarte Andeutung' von Wochenende in Paris verbring' ... und er trägt ja auch ... also, nicht so lang und dick gepudert wie diese historische Grafen, sein Tupeh ist ... bloß für seine kahle Stelle auffen Hinterkopp und ziemlich unauffällig ... Ich mein, da hat Annegret nicht bloß diese geschichtliche Bildung, sondern kann auch echt lern', wie se mit ihrn Verhältnis zun Scheff, also: das richtig drehn muß, daß er da nicht bloß mit sein' Amor ... sondern auch mit den Gehalt inne Höhe!

ANNEGRET IHR GLÜCKSTAG II

De Annegret von Niermanns über uns, also, kannst ja schon hörn: ist ein Fän von diesen Popp-Star Bernd, der immer mit seine verträumte Augen unter sein' braun' Haarschopf raus und mit seine romantische Songs, zum Beispiel den: daß er in so eine alte Postkutsche bei Mondschein durche Wälder glitschen will. Oder sein' Hit: daß das inne Poletik laufend neue Verrücktheiten, aber der Mond zieht ewig ... also, daß er immer de gleiche Bahn längs, und mit de Liebe ist das auch immer de gleiche Soße und original noch so wie bei Adam und Eva. Ich mein, das mit den Mond mag ja hinhaun, aber hab ich neulich mal sonne diskrete Postwurf-Sendung mit ein' Werbeangebot, also, was die auffen Gebiet vonne Sexualität da heute schon an Maschin', also, Zittergurken in 15 Popfarben, und Salben und sogar Spräis! Gibt das sogar ein' Spräigurt zun Umschnalln mit 45 Dosen, und wenn du ihn umhast, siehst du aus wie John Wäin mit seine starke Patron'gurte ... und glaub ich echt nicht, daß Adam schon mit son Eumel durch 'n Paradies geschossen ist. Jedenfalls, diesen Bernd in sein' Hit glaubt das wohl in seine Unschuld. Und hat Annegret ihn original 83 mal hintereinander übern Plattenspieler nudeln lassen, hab ich selber mitgezählt ... aber war noch nicht alles, weil nämlich: war auf jeden Platten-Kaffer ne Losnummer auf ... und ein' Tag, wo se wieder vor de Glotze, wo ihr Bernd seine neue Umwelt-Singel: daß der Mond von all de Schemie-Dämpfe verdeckt wird, und könn' de Liebenden auffe Welt gar kein' Trost mehr bei ihn finden, da wirbelt mit einmal dieser Illja nach vorne in seine natürliche Fröhlichkeit, und der: daß von alle Bernd-Fäns, also, hat eine das große

Glück, daß se ein' ganzen Tag lang mit ihrn Idol ... jedenfalls: war Annegret ihre Losnummer!
Ich mein, diese Sache kommt ja aus Amerika, konnte man ein' Tag bei den Präsedenten gewinn' oder ein' bei Billy Graham oder ein' bei Herr Polanski. Aber der Gewinner von de Präsedenten-Sache mußte anschließend in ärztliche Behandlung mit seine Koliken nach diese viele Erdnuß-Speisen, und konnt er ja nicht ablehn', weil die lütte Ämie das alles mit ihre liebe eigene Hände zusamm'gerührt ... Und der Gewinner vonne Billy Graham-Sache ist heute in sonne geschlossene Abteilung, war auch kein Erfolg ... und das mit den Tienäger, der Herr Polanski ... ist auch irgendwie inne Hose gegang' ... habn se denn nochmal ein' Tag mit Elvis angeboten ... natürlich, als er noch an' Leben war ... aber der Gewinner hat ... und war grade diesen berühmten Bläckaut, ne, kein' von Elvis, ich mein diesen Elektrizitäts-Gäg, also, hat diese Tüpe sich Elvis seine Brieftasche untern Nagel – und ab! Hatte Elvis genau son Pech wie diesen biederen Spitzenpolitiker aus Süddeutschland, den ja auch diese zwei Dam' in New York den Zaster ausse Tasche ... und warn noch nichtmal Fäns von ihn! Jedenfalls: war Annegret so hei und zu gleiche Zeit so durchnander, also, hat se gleich diesen progressiven Arzt aus ihre Zeitschrift angerufen, und was se in diese Lage machen soll, und der: wenn se was sagt: immer mit ein' fröhlichen Lächeln auffe Züge, weil das Kameratiem, das se begleitet, das für de Aufnahm' braucht, und soll sich auch nie in' Schatten stelln, und immer mitten Gesicht auffe Kamera, und jeden Satz ganz deutlich ... und sofort wiederholen, wenn der Regisseur ein Zeichen mit sein' rechten Daum', und alles ganz locker und natürlich wie in' Leben, und der Star ist es das ja auch, und vielleicht zieht se sogar 'n Werbespot vonne Margarinefirma an Land, und Märilien Monroh hat auch so angefang'.

SO EIN TAG,
NOCH WUNDERSCHÖNER WIE HEUTE III

De Annegret von Niermanns über uns: immer mit ihre Postkarten auf de Rundfunksender los: daß se de Elpis von den Popper Bernd abnudeln solln, natürlich die Dam' von ihrn Fän-Klub auch ... ich mein, das wurde ja mitte Zeit immer anarchistischer mit ihre Drohung', also, daß das direkt ne Eskalation, weil se: daß se und ihr Klub ne Überdosis an Schlafmitteln einwerfen, wenn se nicht Bernd seine Elpi senden. Aber wenn se se senden, sind natürlich de Schlafmittel überflüssig, oder: daß se ne U-Bahn nach London entführn, oder se schießen mitten Katapult 'n Farbbeutel auf die Glatze von' Bismarckdenkmal, und das fällt denn auffe gesamte Hamburger Türken zurück ... Jedenfalls: eines Tages kam durche Glotze, daß Annegret ein' Wahnsinns-Preis gewonn' hat: durfte nämlich mit ne Freundin ein' ganzen Tag mit ihrn Idol Bernd ... also, wollmasagen, natürlich harmlos alles ... mit Essen gehn und anschließend Kaffetrinken und denn gemeinsames Abendbrot, genau wie de Politiker auch mit ihre Arbeitsessen, und heißt so, weil de Mahlzeiten so dicht auffenander, daß das schon echt ne Arbeit wird, das alles reinschlucken, und zum Schluß häng' dir denn doch noch paar von de Schlauchbeine vonne Delekateß-Tintenfische ausse Mundwinkel.

Annegret denn mit ihre Freundin Jutta, also, erstmal von Betrieb aus krank schreiben lassen mit Rückenschmerzen, weil, da schnalln alle Ärzte ab und könn' nix beweisen. Und denn zun Friseur ... und denn hin zu diesen Alsterpavilljon, wo der Star schon mit sein' Kameratiem auffe Lauer. Und hat er se unheimlich spontan de Hand geschüttelt, und auch noch mit ein' Kuß auffe Backe rauf, sogar dreimal nachnander! Damit de Kameras das auch von alle Seiten auf ihre Filmstreifen rauf. Klar, daß nach diese Begrüßung war bei de jung' Dam' ihr Eis, also, echt gebrochen, weil se vorher doch in ihrn Lampenfieber ... und schlägt bei Annegret ja immer auffe Blase ... ich mein, ist ja auch 'n Klops, denn stell dir mal vor: du wirst da mal von sonne Größe eingeladen, also, bein Papst zu Fischfrikadelln an' Freitag oder bei Tschimeck zu Wildgulasch oder bei Idi Amin zu Leber mit Äpfel und Zwiebel ... oder der Bundeskanzler spielt dir das Friesenlied auf seine Heimorgel vor. Da würdst du doch in deine Verlegenheit auch nix rauskriegen und bloß so rumhäng' mit ein' blöden Grinsen inne Züge ... und Bernd hat immerhin drei goldene Schallplatten und Scheel man knapp eine! Jedenfalls Annegret und ihre Freundin: mit sonne dicke Hälse vor Bernd, also, habn ausgesehn wie ne Abordnung vonne Junge Union aus Wildbad Kreuth, wo se jedes Jahr ne Kropfkönigin wähln. Aber Bernd hat se gleich ganz locker mit ihre Nam' angesprochen, die er von ein' klein' unauffälligen Zettel in seine Handfläche runter ... und war auch sonst, also, richtig natürlich, und genauso freundlich wie ein Abgeordneter bei ein' Altersheim-Besuch vor de Wahln. Also, mit seine Hände auf ihre Schultern rauf und mit seine Augen ganz tief in de Mädchen ihre rein, und gleich nach de Begrüßung: daß er ihrn geheimsten Wunsch errät ... und will ihn' denn auch den Hit aus seine neueste Elpi ... wo in vorkommt, wenn einer den würzigen Duft von eine Schwarzbrotrinde in seine Nase hat, ist er schon reich, und wenn dazu denn noch der Mond an' Himmel und ein tapferes, aber einfaches Mädchen anne Seite, ist das das höchste Glück auf diese Erde ... also, will er jetzt zu Gehör, aber solln se nicht verraten, weil: ist noch ein Geheimnis und beneidet de ganze Weltpresse se um, weil se das nu als erste Premjähre ... und hat er denn sofort mit sein' betörenden Organ, auch wieder dreimal, weil de eine Kamera defekt war ... Er denn noch nache

Eltern gefragt, und Annegret: daß ihr Alter, daß er vor 14 Tage wegen sein' Herzinfarkt ... und war eine große Beerdigung ... ich mein, da hat Bernd denn in seine taktvolle Art, daß er ein' unheimlichen Trabbel mit de Veranstalter und mitte Mänätscher und all diese Pablick-Riläischen-Sachen, wo er sich vor ekelt ... und auch vor diese aufdringliche Fäns, die überall auf ihn los, und verfolgen ihn sogar bis auffe Bahnhofstolette, und träumt er manchmal davon, daß er ein unbekannten Schäfersknabe auf Sizilien, oder züchtet Ananas an Südpol mit seine majestätische Ruhe und Einsamkeit, und keiner kennt ihn da, bloß der Mond, der da an' Himmel seine Kreise oder, wollmasagen, Bahn ... ich mein, wollt er mit sagen, daß er den alten Niermann auf sein' Friedhof ... also: beneidet ihn direkt um seine Ruhe, und er hat echt Lust, mit ihn zu tauschen ... naja, da hat Annegret denn auch ihrn Lebensmut wiedergekriegt ... und habn se noch über andere große Probleme, zum Beispiel: über unse Silvia ihre kleine Prinzessin und wie Fabiola sich da wohl über ärgert und Beckenbauer sein' Landesverrat und ob Soraja noch lebt und was für ne Akne-Diät wohl de beste ist ... und wollte se ihn auch noch fragen, was er vonne schinesische Horoskope hält und was seine Jiens-Marke ist, aber da war die Zeit um, und mußte er leider zun Flugplatz, weil er andern Morgen um fünf gleich ne Leif-Aufnahme bei Radio Tokio ... Aber war auch ohne diese letzte Existenzfragen der schönste Tag in ihrn Leben!

AUTOGRAMME

Ich bin ja Sportler ... sammle Bierdeckel, und sagt Erika: daß das meine einzigste Leidenschaft ist, und kannst dir gar nicht vorstelln, was ich da schon für gefahrvolle Expedition', daß ich an diese Objekte rankomm ... und bin ich direkt mit diesen starken Forscher zu vergleichen, wo se neulich inne Glotze diesen erschütternden Film über gezeigt habn, bloß, was bei mir de Bierdeckel, warn bei ihn de Achttausender. Ich mein, da sind nicht de Prämien von Lockhiet mit gemeint, sondern bloß Berge, und da ist er denn immer so hoch ... weiter nix ... ich mein, sowas kann bös inne Hose gehn, wenn du nämlich allein so ein' Bergriesen hoch, ich mein, ohne Zeugen, und kommst auch ohne Zeugen wieder runter, denn kannst du Pech habn und glaubt keiner, ich mein, denn war ja alles für nix und wieder nix, und wenn dir das bei diesen Mont Everest passiert, denn ist das ne ganz schöne Verschlucke. Klar, bei sonne Eumel ist da meist ne Fotografentruppe von „Bild" mit bei, daß se deine schwierigste Fasen aufnehm' könn', oder bei de bischen kleinern, zun Beispiel bei de Zugspitze, da kannst du ja mit dein' Trachtenmesser inne Holzwand von den Restaurant: daß du da warst ... Aber was machst bein Nordpol, wo sonst keiner wieder hinkommt zun Kontrolliern, und mit fotografische Motive ist da auch nix? Klar, du kannst mit dein' Stiefel was in den ewigen Eis kratzen oder ne Fahne aufstelln, aber wenn da nu son Pinguin auf deine Markierung sein Nest baut, oder 'n Eisbär frißt das Fahn'tuch vonne Stange, was denn? Da bleibt denn bloß noch, daß du wartest, bis ein Kollege an diese Stelle kommt, daß er bezeugt, daß du da warst. Kannst damit aber auch Pech habn, wie diesen berühmten Käpten Scott und kommt keiner vorbei ... Ich mein, da hat Erika das in ihrn Sport echt leichter, weil: se sammelt Autogramme, aber nur von ein' Künstler. Ob das öde ist? Hab ich zuerst auch zu ihr, weil ich von meine Bierdeckel her: kenn ich diese Vielfalt, und gibt das bestimmt auch bei Autogramme. Daß du denn gleich vonne Schrift her auf den Charakter von den Künstler ... Zun Beispiel bei Anneliese Rottenberger mit ihre spitze Striche: genau wie se singt. Oder Scheel: schreibt auch so verschnörkelt. Dagegen Schmidt und Mohamet Ali: richtig so energische Striche ... wie in ihrn Leben! Und der Papst und Heino: wahnsinnig bescheiden und einfach mit ihre Kreuze, und heißt ja auch, daß se fromm sind. Aber Erika: daß das auch von ein' einzigen Menschen de verschiedensten Autogramme gibt, und kann se genau sehn, ob ihr Peter Alexander das Autogramm nache Auszahlung vonne Gage gegeben hat oder nache Mahnung von' Finanzamt, also, ist denn ganz verändert, wie bei Hitler inne letzte Tage aus diesen starken Film, wo er sein' Adolf mit ein' Flattermann auffe Papiere rauf: richtig krakelig, jedenfalls: kannst gleich seine miese Laune an erkenn'.

KÜNSTLERPAAR

Also, daß sich ein' aus ganz beengte Verhältnisse bis zun Milljonär hocharbeitet, gibt das nicht bloß in Amerika oder inne Poletik. Habn se nämlich neulich inne Glotze diese starke Sache von ein' Künstlerpaar gebracht. Und habn se inne Einführung, daß er, also: ist den netten Jungen von nebenan wie aussen Gesicht geschnitten, und sie, also, will jede Mutter, daß se ihre Schwiegertochter wird. Ich mein, er sah ja aus, als wenn er sich jeden Morgen 'n Streifen zwischen Haaransatz und Augenbraun freirasieren muß, und mit sein' Lachen: genauso wie Wehner, wenn Stoltenberg bei ne Kraftwerkdebatte der Scheitel verrutscht. Aber war intellegent. Ich mein, habn de Lehrer in ihre Verstocktheit ja nicht mitgekriegt, und gedacht, daß das bloß Dummheit, wenn er so da saß in seine Bank ... also, wie Helmut Kohl nache Kreuth-Berichte ... kam aber davon, daß damals de Kunst mit ihre höhere Sfären schon in seine Seele rumgewühlt hat, und war diese Mattematiek und diese unromantische Sachen viel zu primitiv für ihn. Und auch später, als er als Packer bei Bräger und Co, hat ihn das alles irgendwie nicht befriedigt. Aber denn, nach diesen Talentwettbewerb, ich mein, gesungen hat er nicht mit bei diese Winselheinis ... und mehr von sein' Job als Aushilfskellner her, und da kannst du de Hand von diese Fügung von' Schicksal an sehn ... oder: daß das fast so inne Art wie Jesus seine Wunder oder noch besser, denn was Jesus damals mit seine Schaus, das bringt Köhnlechner doch mit links! Jedenfalls, als er de Durchsage: „Der Wagen mitte Nummer HH BR 4711 hat sein Licht brenn' lassen" hat er alle vonne Nachwuchssänger in' Schatten, und stand inne „Bravo": war echt wie de Trompeten von Jericho ... oder de starke Stimme, wo Gott den Saulus mit von' Pferd geschubst hat, und ist der auch noch blind von geworden und natürlich ein' guten Christen.

Jedenfalls, diesen Saund ist ein Herr vonne Plattenfirma gleich auf angesprung', und hat auch für gesorgt, daß sein Schützling eine original Ausbildung zu sonne Art Ballerina, aber natürlich in männlich, und mein ich natürlich auffen Gebiet von' Ballettanz, also, hat sein' Meister denn auch bei ein' gewissen Nurejeff gemacht. Und seine Opernsängerausbildung mit Diplom und alles: bei den Schock und de Callas, und dazu noch sein Schauspielerdiplom bei Sör Lorenz Ollivjeh, und nebenbei denn noch ne Geigerausbildung bei Menuhien ... und de Griffe für de Gitarre hat er bei Segofja gekloppt, also: hat echt was getan in diese zwei Monate, denn 'n Buch hat er ja auch noch rausgebracht.

Und als er denn nach diese Anfangserfolge bei son Gastspiel in Paris, also, ist er in seine Bescheidenheit vonne kreischende Grupis weg, ich mein, daß er allein sein wollte mitte Pariser Luft und das sanfte Rauschen vonne Säne, da, also, wie das Leben so spielt mit seine Schicksalsschläge: trifft er seine Partnerin, und hat ein Blick schon genügt, weil das wie ein Blitzschlag durch ihn durch, also: war richtig besengt von diese Himmelsmacht ...

An diese Stelle hat s i e denn: daß se aus ganz kleine Verhältnisse kommt, und ihr Alter hat 'n Schnellimbiß gehabt, und mußte se ihre ganze Jugend über: den Ketchup auffe Körriwürste rauf ... oder diese bunte Leckereien auffe hot docks, und zun Schluß hat se denn bei ihrn Filosofiern: daß se selber sonne Art hot dock ist, und der rote Ketchup ist ihr Herzblut, und de Majonäse, also, ist ihr Gefühl oder, wollmasagen, ihre zwarte Seele, und der Körri, also ... hatte se ja auch schon ab und zu mal so scharfe Gedanken ... hättest du auch, wenn du acht Stunden an' Tag diese nackte Würste in' Kessel rumwirbeln siehst! Jeden-

falls: zun Schluß fressen de Kunden doch immer den klein' hot dock auf mit ihre gierige Mäuler ... und ist se ganz traurig geworden bei diese Gedanken ... Aber denn, ein' Tag, ist se in sonne große Musikhandlung rein, daß se sich den neuesten Heino, und war ein Musikverlag, und der Scheff se mit ein' Blick ... und hat se ihn auf Anhieb gefalln ... und an nächsten Morgen in alle Herrgottsfrühe war der Plattenvertrag perfekt. Naja, und denn natürlich auch ne Gesangsausbildung bei Anneliese Rottenberger ... und denn war ja auch schon diese Schicksals-Sache in Paris ...
Naja, de beiden denn noch über ihre größten Hits, zum Beispiel an' Anfang, als de Studenten da noch mit ihrn Putz, daß se Revolution und sonne Sachen, habn se damals de Singel: „Ich trage die Mütze von Schee", war aber kein Erfolg, aber denn anschließend, bei de Horrorwelle, kam ihrn Durchbruch mit: „Heut nacht schlaf ich bei Drakula". Als denn de Romantik wieder stärker, hatten se als Gegenstück zu den „Junge mitte Mundharmonika" ihrn „Heut abend spielt die Katrin Flöte" ... Naja, und denn war auch schon diese ganz große Sache, und sind ja damit auffe ganze Welt berühmt geworden, also, diesen angaschierten Umwelt-Song: „Wir wolln kein Atomkraftwerk, hollahioha" ... den wir auch alle mit unseren Munde oder sogar mitten Herzen, wollmasagen ... von uns geben ... Jedenfalls: war endlich mal ne Sendung echt für diesen Mann auffe Straße ...

FUSSBALLER

Von unse Fußballer hat ja Schorsch Fetzer de intellegenteste Beinarbeit, also, kannst schon fast sagen, daß er seine eigentliche Intellegenz inne Beine oder sogar inne Füße, und nicht bloß vorne, weil er nämlich diese Spezialbälle ... also, hat sein' größten Eikju anne rechte Hacke! Aber auch diese Sensebeletät in sein' Kopp: als ob er da son Magneten in hat, der den Ball anzieht, klebt da regelrecht an fest, und hat ihn neulich mal zehn Minuten lang gehalten, was aber vielleicht auch an seine Pomade gelegen hat. Klar, daß so ein Menschen, also, ist regelrecht ein Vorbild, besonders für de Jugend! Für unsen Thomas hab ich denn auch seine Singel mit den Hit „Anlauf – Pieke – Toor" und auffe Rückseite: „Ich hab ein' anne Hacke" ... und gibt nu auch sein Buch von ihn: „Der Ball und ich – eine Freundschaft fürs Leben". Also, fängt damit an, daß da von sein' Elternhause, also, hat sein Talent ja von sein' Vater geerbt – er war Koppschlachter – daß er da diese Härte herhat, wo er de gegnerische Riegel mit aufbricht – ich mein, de Schlachter habn de Bullen damals ja noch von Hand ... mitte Axt ... Und nach Feierabend, wenn der Vater und de Kollegen mal in sonne ausgelassene, heitere Stimmung, habn se mitte abben Bullenköppe rumgebolzt ... so auf Ein-Aus ... und war da auch schon diese Spielfreude ...

Und soll schon gleich nach seine Geburt, also, daß diese Sache direkt sümbolisch für sein späteres Leben ... kommt jedenfalls der Vater inne Schlafstube rein, grade vonne Arbeit, und hat noch de Schweinsblase voll Schwarzsauer in' Arm, und zieht de Hebamme de Decke von den Neugeborenen weg, daß der Vater ihn in' Augenschein ... und fällt sein Blick auf diese berühmte große Füße von den Lütten, läßt vor Schreck de Schweinsblase falln, und der Lütte mit sein' Strampeln: hat sie gleich weggepiekt, gegen de Wand, wo se geplatzt ist ... Und könn' de Fäns den Fleck noch heute sehn, und ist genau wie bei diesen starken Luther, der hat ja auch ein' auffe Wand gemacht, als er mit ne Tintenflasche – das ist sonne Art Füllerpatrone in groß und aus Glas – nachen Teufel geschmissen hat ... hat aber auch bloß de Wand was abgekriegt ... kommt jedenfalls auch immer wieder durche Farbe. Und hat der Alte so ein' Schock von ... und hätte die Hebamme ihn nicht zwei „Jägermeister" inne Freßklappe, wär er vor Schreck übern Jordan, und aus Dank für diese Sache trägt Schorch noch heute den Nam' „Jägermeister" auffen Trikot.

FUSSBALLSPIEL

Wenn ich an Fest sein' Hitler-Film denk: was habn de Leute damals für eine Wahnsinns-Leistung gebracht ... von' Marschiern her! Und was habn se zun Schluß davon gehabt? Ich als vorsichtigen Mensch und wegen meine Senkfüße kuck ich natürlich lieber zu, wenn andere an' Rumwirbeln sind. Und hab ich aus diesen Grunde ... und weil ja auch in mein Herz de Flammen vonne Begeisterung, diese höhere Ideale ... rumzucken. Als Deutschen oder sogar Hamburger, also hab ich mein' festen Standort in' Volksparkstadium! Westkurve, Block E. Ich mein, sonst ist das ja alles wie bei Fest: diese Volksgemeinschaft, de Paroln, de feurige Gesänge, Fahn' ... und Helden! Wenn ich da bloß an unsen ehemaligen Koppballspezialisten denk mit sein' großen Kämpferherzen ... für de Fertigsuppen ... Und für de Todesstrafe ist er auch in seine männliche Härte, also: richtig ein Vorbild für unse sportliche deutsche Jugend ... Aber nu Erika immer: warum ich diese Spiele nicht zu Hause ... vor de Glotze ... da brauch ich nicht raus bei jeden Schietwetter, und paar Buddel Bier erlaubt se auch ... Ich mein, erstens kann se sowas in ihre Eigenschaft als Frau ja sowieso nicht nachfühln, und denn ist das so wie bei diese Feldzüge oder de Kreuzzüge von früher, wenn man bei sowas nicht dabei ist ... da nützen auch de besten Fernseh-Übertragung'n aussen Libanon nix: man wird nicht warm, weil die Atmosfäre fehlt ... Und denn, ich mein, wenn man für seine Ideale kein Opfer mehr ... von' Eintrittsgeld her, und daß man in seine Treue bei jeden Klima raus ... wo ist man denn noch ein Vorbild für de eigene Kinder? Und denn, also, ist da ja doch noch 'n klein' Unterschied, wenn du son Spiel in leif ... oder hockst bloß vor de Glotze, ich mein: vonne Kreatiwität her! Was wir da nämlich alles an Wurfgeschosse auf de Gegner oder de parteiische Schiedsrichter rauf ... und auch de Beleidigung' ... Wenn ich diese Rufe vonne Schweigende Mehrheit ausse Westkurve, wenn ich die in unsen Wohnzimmer ... das könnt ich de Kuluckis über uns doch gar nicht zumuten. Da ist auch ne Wahlversammlung in Bayern nix gegen.

Vor paar Monate war da auch son Fall, ich mein, wenn man schon so blöd ist und kann als Fremden de Westkurve nicht vonne Ostkurve unterscheiden ... und provoziert denn noch durch blöde Grinserei bei diese ungerechte Strafstöße ... und bloß, weil diese Tüpen mit ihre Brezelbeine sich auffen Boden schmeißen und sich rumwälzen in ihre Mimerei, weil einer von unse Leute ihn' das Leder abgenomm' hat, aber selber spieln se wie de Axt in' Walde mit ihre Rupperei ... also, muß dieser Tüp sich nicht wundern, wenn de sturen Norddeutschen mal bischen aus sich rauskomm' ... aber habn se uns von' Unfalldienst aus getröstet: lebensgefährlich warn seine Verletzung' nicht ...

Ich mein, solln de Psüchologen ja sogar in ihre Forschung': daß, wenn du bei de Spiele zukuckst, ist das gut für de Psüche, weil deine Agression': reagierst du ab ... wenn deine Mannschaft gewinnt, also: gehst du richtig befreit nach Hause und lachst dich halbtot über de blöde Fäns vonne Gegnermannschaft, de in ihre Wut ... also, schlucken se ihre Gebisse runter ... oder schubsen Rentner ausse S-Bahn ...

ZERTRÜMMERTE KLISCHEES

Jedes Jahr, wenn der Urlaub an' Horizont hoch, also, hast du wieder den Streß, wo du hinfahrn sollst! Zuerst komm' natürlich diese Orte anne Reihe, wo du astrein in deine Muttersprache de Kellner, was fürn Bier du schlucken willst: so wie Italien oder Spanien oder Mallorca und Rumänien ... und de andern Kolonien auffen Balkan ... aber wenn du die durch hast, denn mußt du noch mal in das Ausland!

Ich und Erika uns zuerst überlegt ... daß das ein Land, wo de Sprache so ähnlich sein muß wie unse, weil: auf englisch kann ich bloß ne ganz einfache Unterhaltung, und hängt auch nur mitte menschliche Bedürfnisse zusamm' wie Äil, Sändwitsch, facki-facki und Rödegrödemedflöde, und französisch kann ich auch bloß amuhr und prego, und das kannst ja auch nicht bei alle Gelegenheiten anwenden, zun Beispiel wenn du tanken willst und sagst das zun Tankwart, ist da ja gar kein Sinn in. Naja, wollten wir denn nach Holland fahrn, ich mein, wärn wir ja auch, wenn wir nicht bei Onkel Max ein' kenn'gelernt hätten, und war ein echten Holländer und bei Max auf Besuch. Ich mein, und nu kannst dir gar nicht vorstelln, was man als normaln Deutschen so für beknackte Ansichten in sein' Kopp ... aber de Wirklichkeit ist ganz anders, und sind de eigene Ansichten bloß diese Klischees, und hat der Holländer mit seine autentische Information' alle zertrümmert! Ich mein, du glaubst doch auch diese Sachen, daß Holland ganz flach mit Windmühln und Kühe in, und de menschliche Bewohner habn blonde Haare und Zähne und Holzklompen vonne selbe Farbe anne Füße, und trinken blonden Tee, wo se blonden Käse in einstippen, und de

Kekse von de Beukelaer sehn auch so aus. Und ihre Sprache hört sich wahnsinnig witzig an. Und inne Gärten habn se Tulpen. Und auffe Küchenwände Delfter Kacheln. Und auffe Butterbrote bunte Zuckerstreusel. Und das, sagt der Holländer, ist alles Quatsch, weil: in Holland findst du heute bloß noch Gelbe, also, diese Ambonesen und Molükker und Surinamesen mit ihre asiatische Visagen und Afro-Krause, und leben faul vonne holländische Fürsorgeunterstützung oder von' Taschendiebstahl, und wenn du in ihre Gegenwart über diese wahre Tatsachen bloß mal ne kleine vornehme Andeutung oder auch bloß, wenn se sich langweiln: stechen se de Weißen mal eben 'n Messer in' Rücken oder entführn Züge und sind sowieso alles Zuhälter, die laufende Meter Püffe in ehemalige Kirchen einrichten, de in bürgerliche Wohnviertel gegenüber von Mädchenpensionate stehn ... und kann de Bevölkerung nix gegen machen, weil de Richter alles Kommenisten sind ... und de korrupte Jurnalisten natürlich mit diese Bande unter eine Decke ... Und wenn ein Deutscher zun Beispiel in sein Auto steigen will, steht da son Tüp und: daß er auf das Auto aufgepaßt hat und will dafür kassiern. Und wenn der Deutsche: daß das doch gar nicht nötig war, er: „So? Nicht nötig?“ Und mit ein' Schraubenzieher ne Riesenschramme in' Metallic-Lack rein ... und wenn der Turist nu noch immer nicht mitte Scheine raus, ist da ne ganze Bande und haun dir mit ihre Schraubenzieher de Scheinwerfer kaputt. Und Polezei ist natürlich nicht inne Nähe, und wenn, fragt se bloß, warum man nicht gleich bezahlt hat. Der Rest vonne Bevölkerung sind denn noch Schinesen mit ihre Restaurants, wo se Hunde, Mäuse und Fliegen für ihre indonesische Reistafel verarbeiten, aber ist sowieso bloß Tarnung, weil se in Wirklichkeit Hasch und Heroin schmuggeln oder verbotene Glücksspiele abziehn ... Er denn noch: daß de Holländer mit ihre falsche Tolleranz: sind in paar Jahre ne völlig neue Mischrasse ... von diese Ausländer her, und da kann Prinzgemahl Klaus als einzigen gar nicht gegenanarbeiten ...

MUSIKWUNSCH

Also, immer wenn da son Familiengeburtstag an' Horizont hoch, krieg ich jedesmal Heimweh nache Nostalgie, weil: ist ja heute echt schwierig mit Geschenke. Inne schlechte Jahre damals, wenn du da ne Tafel Schokelade ausse Tasche raus, ist Oma mitten Hechter in das Goldfischglas rein vor Begeisterung, aber wenn du ihr heute sowas in diese Art ... ist schlimmer, als wenn du zu ihr: daß se zun weichern Kern von Baader-Meinhof gehört, ich mein, Süßigkeiten geht ja überhaupt nicht bei ihr wegen ihrn Übergewicht, und hat se ja auch selber mit ihrn eigenen Zucker genug zu tun. Und Parfüm, also, hat se auch schon ne Badewanne voll, wenn das ausschüttest. Und war ich richtig froh über diese originelle Idee von unse Familienzeitschrift, daß man mehr so geistige Geschenke. Nee, nicht in de Art wie Onkel Max immer will, und macht in Heiligenhafen ja grade sein' dritten Entzug durch ... und ist Kultur mit gemeint. Und ist auch noch kostenlos. Ich mein, daß das zu diese Sache gehört, die du mit allen Geld vonne Welt nicht bezahln kannst, und wo du auch ganz stark den guten Willen in sehn kannst. Jedenfalls: soll man an' Rundfunk schreiben, für wen das ist, wo er wohnt und wie alt er ist und von wen, und denn senden die das an sein' Geburtstag.

Und habn wir uns auch hingesetzt und ein' Brief an' Sender, und wollt ich auch erst in diesen knappen militärischen Stil, aber denn Erika: Männer könn' das nicht, und sie den Brief. Naja, an unsen Opa sein' Geburtstag: wir den alten Herrn vonne Glotze weg, was ja schon ganz schön schwer ... und mußte ich und mein Freund Werner ihn richtig rausreißen aus sein' Sessel, habn wir auch bischen humorvoll alles ... und hätten nie geglaubt, daß ein Menschen in diesen Alter noch sonne Kräfte ... und auch vonne Stimme her! Ich mein, was solln da de Kuluckis über uns denken, wenn da diese Töne ... und läuft ja auch inne Glotze alle Augenblicke 'n Film über Altenmißhandlung und sonne Scherze ... aber gut Luftholn hat er ja noch könn' durch den Wollschal. Erika hat ihn denn das Hörgerät auf volle Pulle ... und habn wir denn gewartet. Geht nämlich de Reihe nach, und kam' erst de 98jährigen und ihre Ständchen, denn de 95jährigen und so weiter und so fort und immer näher an Opa seine 80 ran. Richtig spannend! Und glaubst gar nicht, wie viele 81- und 82jährige das noch gibt, die alle von ihre zahlreiche Angehörige aus ein Ständchen ... Ja, und denn de 80jährigen, und war eine Riesenlatte ... und mitmal die 79jährigen! Ich denk, ich werd nicht wieder! Zuerst Erika: vielleicht ist Opa aus Versehn unter de Jüngern, sieht ja auch tatsächlich viel jünger aus, und habn die vielleicht absichtlich als Kompliment ... aber nix! Bis 70 habn wir noch gewartet ... aber kein' Ton über unsen Opa! 127 Glückwünsche habn die hinternander weg, und ausgerechnet unsen Opa habn diese Extremisten nicht! Kannst dir sowas vorstelln? Klar, daß Opa nu ein' unheimlichen Rochus auf uns, weil er das Eishockiespiel: hatte er ja nicht mitgekriegt, ging auch noch gegen de Russen, und er hat den Rußlandfeldzug ja auch noch fabelhaft in' Gedächtnis, und wär nu vielleicht ne Revantsch. Und immer auf uns los: daß wir ihn nix gönn', und sogar an sein' Ehrntag das einzigste Vergnügen nicht ... und als unsen Thomas nu dazwischen, daß Opa ruhig, weil: wollt er de Waltons sehn ... also ... klar, daß ich auch geladen wegen diese Pleite, und hab den Sprößling ein' auffe Backe ... und sieht nu aus, als wenn er da 'n Tennisball versteckt ... klar, daß mir in diese Erziehungsmethoden, also, tun mir mehr weh als ihn, aber was hält er nicht de Klappe! Und Erika auch: daß man sich bemüht mit sein' liebenden Herzen und sogar guten Willen, und das ist nu der Dank! Und geheult ... ich mein, hatte sich ja auch sagenhaft bemüht und nicht bloß diese nüchterne Daten an den Rundfunk, sondern in ihrn warm' weiblichen Herzen Opa seine Lebensgeschichte, und daß er damals inne Alimentenklage gegen diese Frau Sifter: hat er tatsächlich keine Aktien bei gehabt! Und diese Sache in' Park vor 3 Jahre mit diesen Exhibizionismus war auch ne Verwechslung, und daß Erika den kennt, der das wirklich war, und will se keine Nam', aber wohnt ein Stockwerk über uns bei de Barföcks in Untermiete. Naja, alles son bischen mit Gefühl, damit de Herrn von' Funk sich original ein Bild machen könn' von unsen geliebten Opa ... ich mein, kennt se sich ja mit aus ... und liest ja auch diese „Meine Geschichte" in unse Mappe, wo immer diese echt aussen Leben gegriffene Sachen in sind, aber mit Herz! Und als Musikwunsch hat se denn, also, wußte se von den Lied bloß den Anfang, und singt Opa immer, wenn er so richtig vergnügt ein' in' Tee hat, und muß auch von diesen Thema sein, weil heißt das: „Unse Fahne flattert uns voran ..." und war, glaub ich, auch schon mal in diesen starken „Mainz bleibt Mainz" und wird von ein' Schornsteinfeger gesungen.

Und denn, sagt Erika, stand ja noch auf den Fragebogen, daß da keine Spenden angenomm' werden, und weiß ja jeden, daß das ein Wink mitten Zaunpfahl ist, weil, wenn einer ein' was anbietet, und du: daß das nicht nötig tut und soll keine Umstände machen, ich mein, wär doch echt das letzte, wenn der das ernst nimmt, und hat se auch 'n 10-Mark-Schein mit in das Kurvert rein, also, so inne Art, wie die von Lockhiet auch gearbeitet habn ... aber ist ja trotzdem nix gelaufen ... Ich denn auch: daß das bloß aus politische Gründe sein kann, und bein Rundfunk soll das ja von radikale Extremisten wimmeln!

Und hatte ich auch recht, denn paar Tage später kam diese Karte mit diese freche Ausrede, daß se keine faschistische Lieder senden ... Ich mein, wenn sowas faschistisch sein soll ... braucht man sich nicht zu wundern, wenn ein' diese Tüpen ein' schön' Tages noch unsen Heino verbieten!

KLASSIKER

Wenn diese Festlichkeiten ... da weißt du doch echt nicht mehr, was du schenken sollst. Gibt jedesmal Streit. Ich mein, wenn du dein' Vater nu das 85. Oberhemd oder de 692. Krawatte, also, ist denn doch schon echt ne Beleidigung. Wir habn das ja auch schon mit geistige Werte versucht: sollte ne Pankokenkapelle ihn morgens ein Ständchen. Aber hatten die nur noch um 14 Uhr ein' Termin, weil, de Leute sind ja wahnsinnig ausgebucht. Und als se denn nachmittags um fünf kamen, hatten wir das Geburtstagskind bis dahin immer wieder: daß nu ganz bestimmt de Überraschung, und war er schon sagenhaft sauer, jedenfalls, als se denn endlich: hatten die unheimlich ein' kleben, also, habn immer verkehrtrum inne Instrumente geblasen, und habn sich de Nachbarn über de Ruhestörung aufgeregt, und Kulucki ihrn Fiffi hat den mitte Posaune den Hosenboden raus ... Aber gibt das neuerdings ne echt originelle Sache. Habn wir nämlich vor paar Wochen von ein' Spezial-Versandhaus aus ein' Katalog ... nee, nicht, was du jetzt denkst, aber mit echt posetive Sachen aussen geistigen Bereich. Und war ein Fragebogen mit bei, und mußte man eintragen: Vor- oder Kosenam' vonne beschenkte Person (möglichst mit eine Silbe, höchstens zwei), Wohnort, Lieblingsspeise, Beruf, Bekannte und Verwandte. Und diese eingetragene Sachen werden denn von ein' Computer mitte Figurn und Tätigkeiten und Schauplätze, die in eine anerkannte Dichtung in sind, ausgewechselt, und kann man wähln zwischen drei Muster: „Faust“ und „Tell“ und „Taucher“.

Also bei diese starke Sache „Faust“ zun Beispiel, wolln wir Onkel Max zun Geburtstag, steht denn immer statt „Faust“

„Max“ und statt „Gretchen“ „Erna“, das ist Max seine Alte. Und der Kerl mit den Gastarbeitername „Mephisto“ ist denn natürlich „Alfredo“, auch ein Itacker und Max sein Kollege bei Bräger und Co anne Presse. Und paßt auch sagenhaft, weil Alfredo ist auch in seine Veranlagung so richtig tückisch. Und de alte Wapp mit ihrn Tratschmaul kommt auch irgendwie in vor, sogar Herr Bräger, nämlich gleich vorne an, wo der „liebe Gott“ da mit seine starke Sprüche ... jedenfalls, kannst sagen, was du willst, diese großen Dichter, also: fast so volksnah wie diese witzige „Ohnesorge“-Stücke! Und liegt auch vielleicht da an, weil Max seine viele Berufe: komm' schon an' Anfang vor:
Habe nun ach, bei Jallas und Sohn,
bei Blohm und Voß, bei de Howaldtwerft ... und auch bei Phoenix und diese starke Fischmehlfabrik ... daß Max da überall war, und denn ist er da auch schon mit seine Mittleif-Kreisis an' Wirbeln ... und Alfredo schnackt ihn vor, daß er Erna ausse Kantine anmachen soll, naja, du kennst das ja ... ich mein, bei diese Sache hab ich zun ersten Mal gescheckt, was mein Lehrer Breckwoldt damals immer: daß unse Klassiker für jeden einzelnen mit seine Probleme, also, daß sie da sonne Art Spiegel für ... begreif ich nu erst!

ZITATE

Sagt Erika immer zu mir, daß zu ne richtige Unterhaltung, also, gehört Bildung zu, daß man auch bei diese künstlerische Them' mitreden kann. Zun Beispiel: ist da sonne vornehme Gesellschaft bei ihrn Sekt zu schlucken, und fang' denn auch von diesen Göthe an zu reden, also, ist das denn gut, wenn man da mit ein' Zitat reinhaun kann, und mein ich nicht diese Unterschiedwitze mit, die mein Freund Werner immer bringt oder das Gedicht „Ramses sprach zu Tochter Isis“ ... mit diese wahnsinnige Sauereien, aber zun Beispiel, wenn man aus diesen starken „Faust“: „Habe nun auch Filosofi ...“ das ist ja nu echt tiefsinnig, weil das überall zu paßt, und de andern Gäste komm' nu auch mit ihre Zitate, und mußt du auf jeden ein' drauf, also bedien', wie bein Skat, und gibt das da sonne Art Vierer-, wollmasagen, Vereinigung und heißen: Kleist, Lessing, Schiller, Göthe, und muß man ihre Sprüche alle auffe Latte habn, ich mein, was die für ein' Ausstoß an Zitate hatten! Jeden zweiten Satz! Zun Schluß habn se ihre Mitbürger bloß noch in Zitate angemacht, also, bis zuletzt, ich mein: auffe Totenbetten! Zun Beispiel diesen Göthe, grade vor er übern Jordan, er noch: „Mehr Licht!“ Ich mein, in diese Situation, und denn noch so ein Tiefsinn, ist doch echt Spitze! Und kann man diesen Ausspruch auch noch bis in unsere Tage, wollmasagen, anwenden, zun Beispiel, in diesen Baden-Würtemberg, wo ein Herr Filbinger das immer aus sein' Munde raus ... in seine Angst, daß inne 80er Jahre bei ihn de Lichter ausgehn!

MODERNES KUNSTWERK

Neulich habn se inne Glotze mal wieder was über Kunst und, was soll ich sagen, war echt stark! Ich mein, wenn se da sonst so Bilder zeigen: also, wie Träume von Bekloppte, die ein' in' Tee habn! Aber nu diese Sache: hab ich richtig verstanden, was das sollte! Habn se nämlich ein sagenhaft tiefes Loch inne Erde rein, also, wie ne Kanalisationsröhre, aber grade runter, und da 'n Rohr rein, und war massiv! Und als se damit fertig, habn se das Loch mitte massive Röhre in wieder zugeschmissen, daß du von außen nix sehn konntest.
Ich mein, wenn du dir diese Bilder von diesen Picasso mit den rechten Auge hintern linken Ohr ... oder kuckst dir de Plastik vor den Arbeitsamt an, und sieht aus, als wenn da zwei Käfer mit 140 Sachen frontal zusamm'genagelt ... ist aber ein Sümbol und soll unse wirtschaftliche Lage bedeuten ... ich mein, da ist so ein Kunstwerk ... also, wird dir zumindest auch nicht schlecht wie zun Beispiel bei den Beus seine schietige Badewanne, wo er 15.000 für gekriegt hat von' Senat, und stelln se vielleicht vor ein Rathaus in Hessen oder Berlin, weil das auch ein Sümbol ist, ich mein, daß sich Herr Osswald da seine Hände in Unschuld gewaschen hat oder Herr Schütz seine Hand, also, genau wie diesen Pilatus damals ... Ich mein, da ist doch diese Erd-Sache irgendwie viel unauffälliger, bescheiden kannst da ja schon fast zu sagen, und glaub ich, daß sich mit sonne Werke auch der normale Mensch langsam anne moderne Kunst gewöhnt!
Bei de Bohrarbeiten habn se von' Radio aus auch ein' vonne Bauarbeiter gefragt, was seine Meinung über diesen Kunstwerk ist,

und er: daß er nie fragt und höchstens mal auf ne Frage antwortet, aber auch nur, wenn das keine blöde Frage ist ... und er hat den Auftrag, daß er das Loch hier ... und das macht er ... und sonst nix ...
Ich mein, wenn das so ist, könnte man doch diese Kunst von' Staat aus ... ich mein, da hat der Künstler was von ... und auch de Arbeiter bei unse 1 Million' Arbeitslose ... und ist ja auch sowas von umweltfreundlich! Also, daß da viel mehr Sinn in ist als in Adolf seine Autobahn' mitte Auspuffgase und de viele Verkehrsunfälle, weil de Bayern mit ihre Fahrzeuge immer auffe falsche Seite längsglitschen. Also, bischen weiter sind se von unse Regierung ja doch schon, wenn se ihre Atomkraftwerke hochziehn und reißen se hinterher wieder ab, oder wenn se de Kohlngruben modernisiern und denn zuschütten: genauso wie inne moderne Kunst!
Ich mein, auf diesen Gebiet gibt das ja noch mehr so kreative Sachen, und wolln se für de nächste „Dokumenta", ich mein, als sonne Art Steigerung, weil in den Kunstwerk soll auch noch dünamische Bewegung rein ... natürlich auch umweltfreundlich ... also, daß da 5000 Arbeiter ein' Wahnsinns-Sandberg von eine Stelle anne andere schaufeln und wieder zurück ... und ist auch ein Sümbol für unse Bildungspoletik!

KUNST

Wenn ich an mein' Scheff denk, also, komm' mir immer de Trän' ... genau wie nach ne Sendung von diesen Herrn Löwenthal ... und ist mein Scheff auch ein Opfer von sein' Idealismus! Nicht bloß, daß er Tag und Nacht diese Bürde vonne schwere Verantwortung auf seine Schultern ... und leidet er dazu noch an diesen Streben nache höhere Werte, und mein ich natürlich de Kunst mit.
Und da ist ja nun mit aufgelaufen, weil: hat sich ein Kunstwerk bei diesen Professer Beus bestellt, und sollte sogar inne große Eingangshalle von den Bürotrakt komm' ... also, hat sich ne Plastik komm' lassen. Naja, und kam der Beus tatsächlich angeglitscht mit seine Helfershelfer ... aber nun denk man nicht, daß den seine Plastik aus Kunststoff war, wie du von' Name her glauben mußt! Nee: war ganz modern ... und sollte ein Sümbol für unse Demokratie sein ... also: hat er jedenfalls drei Zentner Margarine inne Ecke gekippt! Und war alles! Naja, zuerst ging das ja, weil: war Winter, und konnte man ja de Heizung abstelln. Klar, de Tipsen inne Büroräume mußten mit Fausthandschuhe auf ihre Schreibmaschin' rauf, weil: mußten se ja noch zusätzlich de Klimaanlage auf Frost setzen, weil das Kunstwerk wär ihn' sonst inne Pömps gelaufen ... Ich mein, habn se ja auch ihr Opfer für de moderne Kunst ... Aber an meisten natürlich wieder der Scheff, weil: de Kühlanlagen, die er für den nächsten Sommer ... habn das ganze Betriebskapital, wollmasagen, zusamm'geschmolzen ... und ist er denn auch pleite ... trotz diese Durchhalteappelle von' Betriebsrat aus ... und hat de Belegschaft zun Schluß ja auch auf de Hälfte von ihrn Gehalt:

habn se auf verzichtet, wegen de Kühlanlage, hat aber kein' Sinn mehr gehabt ... Ich mein, da ist das schon besser, wenn du den Geist vonne moderne Kunst ... wenn dich da gar nicht erst mit einläßt ... und ist auch hier das sicherste: ein gesunden Konservativismus, also: keine Experimente! Und hab ich von mein' Tigerfell anne Wand noch nie Nackenschläge von gehabt ... kannst das sogar inne Waschmaschine waschen, ohne daß de Streifen rausgehn, weil: ist 100% Dralon ... Und macht ja wirklich Eindruck auf meine Besucher, weil alle denken, daß ich das Fell auf ne Großwild-Safari erlegt hab ... Nicht, daß ich nun 'n schlechtes Gewissen, denn in' Süden fahrn wir ja tatsächlich, schon seit 5 Jahre, aber in Majorka gibt das eben doch mehr Muscheln als Tiger ...

UNSEN JUNIORSCHEFF UND DE KUNST

Also, unsen Juniorscheff, diesen jung' Bräger, was soll ich sagen: tut mir echt leid, weil: ist eigentlich ein hochkünstlerischen Menschen mit seine Spinnerein ... war auch schon in Behandlung ... Aber hängt diesen Fluch über ihn, daß er diese Margarine-Firma von sein' Alten: muß er ja mal übernehm' ... und möchte viel lieber seine künstlerische Träume ... Ich mein, er ist damals ja auch gleich nach sein' durchgefallnen Abitur von zu Hause weg ... und stand sein künstlerischen Plan sogar in unse Zeitung, daß er, also: wollte ein' lebenden Elefanten kreuzigen, und sollte ein Sümbol sein für diese dickfällige Menschheit ... oder auch, wollmasagen, psüchologisch, daß der Elefant: sollte gleichzeitig sein alten Herr sein, und das Kreuz: ne Strafe, aber auch irgendwie de Firma, daß die sein Kreuz ist ... oder was, jedenfalls: echt tiefsinnig, also, genial. Aber der alte Bräger, wie der sich für sein' Sohn geschämt hat, kannst dir gar nicht vorstelln! Besonders auch, weil in den Zeitungsartikel: war auch noch der Lehrer von sein' Sohn in, ein gewissen Herr Beus, der immer zentnerweise flüssige Margarine inne Zimmerecken rein, und ist für ihn ein Kunstwerk, und der: daß er de Ideen mit den Elefanten von sein' Schüler: findet er gewaltig, und er glaubt: das Künstlerische in den jung' Mann kommt vonne Vererbung her, weil der Vater von den jung' Mann: hat ne Margarinefabrik, und das ist ja auch schon künstlerisch, sogar ohne, daß er das will, weil: ist echt mit seine Fettecken zu vergleichen, und mit diese väterliche Fettecken ist der Sohn ja mit großgeworden, und ist von die: diesen genialen Funke raus und in den Sohn rein und hat da auch gezündet, also,

daß de Margarine ihn schon geistig, wollmasagen, durchtränkt hat.
Naja, das mitten Elefanten hat denn ja doch nicht geklappt wegen de Humorlosigkeit von diese Tierschutzvereine, und hat der junge Mann denn bloß noch ein' Film in' Fernsehn, aber auch bloß in' dritten Programm ... und ist da wieder auf diese Margarine als Kunstprodukt rumgeritten, also: konntest wieder de Spinnerein von sein' Lehrer an sehn, die der in sein' jugendlichen Hirn hinterlassen hat ... daß nämlich de Margarine: ist mehr als ne Farbe, weil se Papier nicht bloß intensiwer färbt und dabei doch nicht färbt, aber macht das durchsichtig, also, transparent, und was ne Margarine mit den Papier: soll ein Künstler mitte Probleme vonne Gesellschaft ... also, wieder son tiefsinnigen Kram ... Jedenfalls: auch gar keine Äktschen in diesen Film, und ist er denn ein' Tag wieder wie ein verlornen Sohn wieder zurück in unsen Betrieb ... daß er durch seine Künstlerei begriffen hat, daß de Margarine von sein' väterlichen Werk, also, ist das, wo er sich de Butter auf sein Brot mit verdient!

ARBEITERHÄNDE

Weil mein Freund Werner mit sein' Job als Illustrierten-Drücker und später als Heilpraktiker mit seine Akkupunktur ... hat er ja Pech mit gehabt ... von diese Kunstfehler her ... Ich mein, so viele Kunden hat er ja auch nicht an Land gezogen wegen sein' wahnsinnigen Deutsch ... schon allein diese Flüche ... hat de ältern Dam' richtig abgestoßen ... Aber denn habn se ihn auffen Arbeitsamt: aus sein' Deutsch soll er mal was machen, also, das ausnutzen, und weil Kultur „in" ist, habn se nu ein' Bedarf an richtige Arbeiterdichter ... und daß er da prädistiniert für ist ... Und hat Werner auch gemacht, weil, gibt das ja auch von ein' Spezial-Versandhaus aus sämtlichen Zubehör für diese Tätigkeit, also, Elbsegler und Schauermannskittel und diese proletarische Sachen, aber das Wichtigste: aus atmungsaktiven Vinül ... wo se auch diese lebensechte Sexpuppen aus herstelln: ein paar Arbeiterhände ... als Handschuh. Brauchst bloß überziehn ... richtig mit so starke Schwieln an ... ich mein, wenn Werner nu auf seine Lesung' bei de Gewerkschaft ... also, was er da an Texte: hat ja doch kein' hingehört, aber wenn einer vonne Kollegen mitte Frage: ob er als ein Autor auch an eigenen Leibe diese Arbeitswelt, denn Werner bloß immer ... habn se nu sogar schon in' III. Programm ne Dokumentation über, jedenfalls, er denn immer in eine anklagende Geste wortlos seine Arbeiterhände hoch ... und warn se alle überzeugt ... ich mein, ist ja wahnsinnig bekanntgeworden, und sogar der Sanfti aussen Wort zun Sonntag: daß Werner seine Hände, also, sind für ihn sonne Art Kreuzung zwischen Dürer seine abben betende Hände und de Mutterhände von ein' gewissen Tucholsky ...

jedenfalls, Werner hat de Hände gar nicht vonne Finger ... hatte sich echt an gewöhnt, und wenn er se hoch ... bei de Lesung' vonne Gewerkschaft aus: habn sich de Malocher richtig geschämt, weil ihre Paddeln: warn längst nicht so viele Schwieln an wie an Werner seine ... Aber neulich, das war bei de Einladung von' Arbeitgeberverband aus, ich mein, da ist Werner ja ausgewogen in, also, politisch offen, und zahln ja auch genausoviel wie vonne Gewerkschaft aus ... und liest Werner natürlich nix, was mit Arbeit ... weil er da mehr seine witzige politische Sachen, zun Beispiel über Hitler ... und daß der: ist Germania als weiblichen Transwestit ... sonne komplizierte lürische Sachen ... jedenfalls, hat er vor de Begrüßung mitmal seine Arbeiterhandschuhe nicht mehr abgekriegt: genau, als wenn du mit ne Fratze in' Spiegel kuckst, und de Uhr schlägt, denn bleibt de Fratze auch ... und warn de Dinger angewachsen! Ich mein, das ist ja nu echt mies, weil „Arbeiterdichter" ist ja nu „aut" und „Sensebeletät" wieder „in", also, wo du als Autor: brauchst du zarte Griffeln für ... und muß Werner nu warten, bis se von sein' Versandhaus aus diese Sensebeletäts-Handschuh in' Handel ... und zieht er sich denn einfach über de Arbeiterpaddeln rüber ...

KAFFEEFAHRT

Also, diese Reiselust, soll ja schon in unsen Blute, wie bei de alten Wickinger mit ihre Kreuzfahrten oder de Kreuzritter ... und auch bei unse Wehrmacht, als se inne russische Wälder rein. Ich mein, ich krieg ja auch immer so ein Zucken inne Glieder ... original wie diese Wildgänse an' Abend, 'vor se durch de Nacht abrauschen ... und hab ich immer, wenn ich diese Anzeigen vonne Kaffeefahrten seh ... und je billiger sonne Fahrt ist, je schlimmer ist das mitte Zuckerei bei mir. Neulich hatten se auch angeboten: 1 Pfund echten Bien'honig und 1 Pfund echte Butter und 'n echten Autogramm von den bekannten Äntertäiner Onkel Lau und ne wundervolle Fahrt mit sachkundige Führung durch den Führer mitten durch de Lüneburger Heide an Löns sein' Grab vorbei ... und ne Rast in' echten Heidegasthof ... und alles zusamm' für nur 17,–. Das reichliche rustikale Mittagessen war ja nicht in' Preis mit enthalten ... und der Besuch vonne Verkaufsausstellung, also, brauchte man auch nicht rein, wenn man nicht wollte.

Jedenfalls, als das um 7 Uhr morgens losging, der Bus mitte Reiselustige: gerammelt voll! Und heiß! Ich mein, bei diese Hitze war das denn auch irgendwie vonne Planung her nicht ganz ... hat uns der Fahrer jedenfalls vorn Losfahrn schon jeden diese süße und fettige Sachen inne Hand ... mit den Honig ging das ja: war in' Glas, aber de Butterpakete: konntst richtig merken, wie de immer schlapper in deine Hand, und lief dir denn auch schon durch de Griffeln. De meisten vonne ältern Herrschaften hatten ja nu zwei Weltkriege mitgemacht und de Hungerzeiten, also, warn so erzogen worden, daß se lieber den

Heldentod fürs Vaterland als daß da was umkommt bei ihn' ... und habn de Butter denn so ... also, pur ... in sich rein ... ich mein, wenn nu nicht mitmal nach diese viele Fettigkeit auch noch diesen Onkel Lau zugestiegen wär, wär de meisten auch gar nicht ... mit diesen heftigen Unwohlsein ... und ging auch wahnsinnig schnell ... Ich mein, das kann auch anne Hitze in' Bus gelegen habn ... und kam denn diesen säuerlichen Geruch noch dazu ... Klar, der Busfahrer in sein' Bemühn hat denn so lange anne Heizung rum ... also, zuletzt war die denn auch ganz und gar ... aber war nu de Leute auch wieder nicht recht ... und nach 10 Minuten hatten de meisten tatsächlich original Eiszapfen ausse Nasenlöcher hängen. Nötig getan hätte das ja nu nicht, daß der Fahrer durch sein Mikro: daß Erkältung, soll man nicht mit scherzen, und de meisten alten Leute unterschätzen das und habn denn selber schuld, wenn se übern Jordan, und wenn da noch 'n verdorbenen Magen zukommt, ist das ja sowieso alles Sense, weil das so eine Belastung für ein' ältern Menschen, daß der ... also, hat er ein Wahnsinnsglück, wenn da bloß 'n Gehirnschlag bei rauskommt ... weil: ist in diesen Fall ja sofort aus und vorbei ... und quält ein' sich nicht noch Monate lang so hin ...
Also, hier habn de meisten schon ... wie de klein' Kinder mit ihre Heulerei ... Klar, daß der Fahrer in sein' Mitleid denn zu Onkel Lau, daß er 'n paar von seine lustige Lieder als Aufheiterung ... und als diesen Riesendampfer „Titanic" damals gegen ein' Eisberg und gesunken, hat de Bordkapelle de Passaschiere auch mit lustige Karnevalslieder ... so lange abgelenkt, bis ihn' der Blanke Hans inne Instrumente rein ... Und Onkel Lau denn auch sein Schangson: „Wo de Not an' größten" ... also, daß da Gottes Hilfe ... wollmasagen ... an' nächsten ist ... Nach diesen Lied der Fahrer denn wieder: daß de Herrschaften, solln se ihn entschuldigen, weil er da nicht gleich auf gekomm' ist, aber Onkel Lau sein Lied hat ihn da wieder auf gebracht, jedenfalls: solln de Herrschaften nicht verzagen, weil:

gibt das tatsächlich ein' göttlichen Rettungsanker ... in Form von ein' Mittel, was ... sogar in diese aussichtslose Fälle, also, hilft garantiert! Und ist ne Spezialdecke aus de seltene Wolle vonne noch seltenere isländische Dickschwanzschafe, und hat er zufällig als Sonderangebot in' Gepäckfach von' Bus liegen für nur 398,95 DM und geht auch auf Raten. Naja, Onkel Lau hat nu auch gleich in seine humorvolle Art den bekannten Schangson „Nu danket alle" ... also, daß se alle zu Gott ihrn Dankeschön. Habn se auch alle mitgesung', bis auf eine alte Dame, und die: daß se schon ne Wolldecke hat ... und se will bei diese Verkaufsmethode ... will se den Fahrer an ein' andern Ort wiedersprechen und meint se de Gerichte mit ... Klar, daß der Fahrer sich gegen diese Querelantin ... ich mein, hätt se ja auch raussetzen könn', aber er bloß mit son paar humorvolle Bemerkung', daß de Kälte: hat wohl schon seine Auswirkung auf den Geisteszustand vonne alte Dame, und ob er se wegen ihre Tüdelei nicht zu irgendeine Klinik ... jedenfalls: wenn se auch auffe Knie: daß er ihr ne Dickschwanzschafwolldecke ... für den dreifachen Preis, würd er das nicht ... und daß se diese Spezialwolldecke mit ne gewöhnliche Decke aus Reißwolle in ein' Atenzug, könnt er se schon aus diesen Grunde vor Gericht wegen Beleidigung ... Naja, und denn warn wir auch schon an de Stelle mit den Riesenfindling mit den Name von den Heidedichter Hermann Löns auf ... habn wir denn alle, die ein' Apparat, den Stein geknipst ... Und der Fahrer: daß de Leiche unter den kalten Stein, also, tut ihn richtig leid, und würd ihn gerne ne Spezialdecke, wenn er den Dichter durch ihre Wärme, also, ihn wieder in das Leben rein ... und muß er auch immer an Gorch Fock sein nassen Seemannsgrab an' Skagerrak denken, der wär doch auch froh, wenn er da sonne Decke ... weil: ist auch wasserabstoßend imprägniert, weil viele vonne ältere Herrschaften da so Schwierigkeiten in' Bereich vonne Blase, aber könn' se gern, macht gar nix, weil: saugt de Decke nicht auf! Und an diese Stelle mitmal der Lau auffen Stein rauf und: „Wo de Nordseewelln trecken" ... auf plattdeutsch ... Also, sind de meisten de Trän' inne Augen in ihre Rührung wegen ihre alte echte Muttersprache ... und bei „dor bün ik to Huus" hat er denn aber, also, mitmal mitten Singen Schluß gemacht und ist wieder von' Stein runtergerutscht, weil ihn sein Tupeh von' Kopp geweht war ... Der Fahrer noch: daß Käpten Scott bestimmt wieder gesund von' Nordpol zurück, wenn er diese Spezialdecke ... aber an diese Stelle mitmal ein alten Herr ganz laut: daß er ein Lehrer ist ... und er weiß das, und unter diesen Stein liegt Löns gar nicht, und er hat Hunger, und wie das mitten rustikaln Mittagessen ist. Klar, daß der Fahrer nu ... daß, wer nicht an Löns und Gorch Fock und Käpten Scott, also, da nicht an glaubt, an diese abendländische Kulturwerte, der glaubt auch nicht anne Demokratie ... und nu kann sich jeder vonne Herrschaften selber überzeugen, was mit diese Gefahr vonne extremistische Sümpatisantenlehrer an dem ist ... und sind nicht bloß junge mit Jiens und Vollbart ... Ich mein, wenn dieser Extremist nicht n' nächsten Augenblick mit seine Bestellung von 5 Decken unter de Fittiche von den Fahrer ... ich weiß nicht, was de andern Fahrgäste mit ihn gemacht hätten! Ich mein, als Norddeutsche lassen wir uns doch unsen Löns nicht von so ein' nehm'! Jedenfalls: sonne Kaoten machen ein' ja tatsächlich noch unse Demokratie kaputt, wenn ein' nicht aufpaßt! Naja, zun Mittagessen war ja tatsächlich keine Zeit mehr, weil: Onkel Lau hat ja noch erzählt, wie das gekomm' ist, daß er trotz seine Fähigkeiten aussen Fernsehn raus ... und ist auch echt ungerecht von diese moralische Spießer ... und keinein' hätte Willy Brandt wegen diese Sachen von seine Posten runter ... und bei Göthe habn de Leute auch nix gesagt oder bei de Bietels mit ihre Grupies ... und er hat nur seine gute Laune, hat er nur behalten durch diese fantastische preiswerte Spezialdecke und hilft auch gegen Ärger, wenn man zun Beispiel nicht mehr in' Fernseh reinkommt. Naja, und denn hat er noch jeden ein Autogramm auffe Quittung vonne Spezialdecke rauf ... und war diesen ereignisreichen Tag leider schon zu Ende, und find ich, sowas, also, mit diese preiswerte Fahrten, sollten se mal öfter machen! Besonders für unse Alten und habn die wenigstens was von, also, wo se hinterher noch lange von zehrn könn'...

SUCHT

Also, unsen Student, den wir da bei uns inne Verpackung, auf was für Ideen der in sein' krankstudierten Gehirn kommt! Neulich auch. Und er: daß unse Gesellschaft de Menschen süchtig macht nach 'n Konsum! Und ist ihr Leben so leer, daß se bloß noch an' Konsum denken könn', also, träum' sogar von ihn, weil de Zeitung' und de Glotze: töten de echte Kreativität ab inne Leute, und als Ersatz habn se, wie gesagt, bloß diesen Konsum. Und wenn du se inne Gesichter kuckst, kannst da sehn! Also, sowas von geschäumte Kacke gibt das gar nicht! Werner und ich lassen ihn natürlich immer seine Sprüche abziehn ... tun auch ganz ernst ... ich mein, ist ja eine Wahnsinns-Selbstbeherrschung, weil: kannst dir ja de Speiseröhre verknoten vor Beöln ... aber wir denn immer: Ach so! So ist das und: das mußt du uns nochmal erklärn! Und er immer nochmal, und merkt das gar nicht, wie wir ihn durch de Scheiße holn!
Also, neulich bin ich sogar mal aus Flax mit ihn mit, weil er mir de Leute zeigen wollte, inne Mönckebergstraße, also, wie de Bedürfnisse in ihre Gesichter rumwühln ... Und auffen Weg, also, wollt ich ihn schon mal bischen auffe Palme in mein' Humor, und ganz doof gefragt, wie er sich so ein Leben ohne Bedürfnisse ... wie das ist ... und er: daß er das will, wenn er erstmal mit sein' Exam' durch ist ... und will er denn in son Bauernhof auffen Lande ... und mit seine Hände inne Erde rein und alles ohne künstlichen Dünger oder Insektengifte ... jedenfalls, denn diese echte natürliche Produkte als gesunde Nahrung ... und paar Kartoffeln und Äppel und bischen Milch vonne Ziege und paar Nüsse: genügt ihn schon, und als Zeug zun An-

ziehn ein' Overall ... wie de Schlosser ... und als Wohnungseinrichtung: ne Klappe Stroh, wo er auf schläft, oder Heu ... also, genau wie de alte Neandertaler ... und fiel mir in diesen Augenblick diese starke Heidi ein aus den Film, de in ihre Berghütte da ja auch immer mit den starken Duft von den Heu ... und war auch ihr knorrigen Opa mit den langen Bart mit bei ... jedenfalls, ist se immer mit inne Nase ... eingeschlafen. Aber wo ich grade bei diese romantische Gedanken, stößt mich der Student mitmal inne Seite, und daß er mir ne Frau zeigen will, de in ihrn Gesicht, also, sind sämtliche Konsumbedürfnisse in zugange. Jedenfalls, was soll ich sagen ... war Erika! Stand vor ein' Klamottenladen ... hat uns gar nicht gesehn ... und ist denn weiter zu ein' Schuhladen. Und hat immer auffe Schuhe geglotzt, und denn: Handtasche auf, Portmonneh raus, inne Geldscheine rumgezählt ... und der Student: daß se in ihre Sucht: gibt se gleich ihrn ganzen Wirtschaftsgeld aus ... und zu Hause hungert vielleicht de Familie ... und bedauert er diese Leute ... Klar, Erika ist so eine! Wenn da ein Vertreter anne Tür, kauft se den letzten Hack, bloß wenn der Locki bischen auffe Vornehme zu ihr, so auf Gnä Frau und sonne Scherze. Und neulich hat ein Öli ihr ein' Rieseneumel von Expresso-Maschine auf Raten, weil er: daß sie ein echt exotischen südlichen Tüp ist ... und hat ihr ein' Handkuß ... dabei war se grad an' Abwaschen ... Jedenfalls, als der Student denn immer wieder, wie de Sucht nach Konsum in ein', und ist diese Frau ein Beispiel für ... ich mein, nicht, daß ich mich geschämt hab oder was! Das hab ich bei so ein' lumpigen Studenten gottseidank nicht nötig ... aber hat bis heute noch nicht begriffen, warum er mitmal mit seine zarte Nase gegen meine Faust gelaufen ist ...

SPIELE

Weißt du, was ne Kettenreaktion ist? Also, fängt bei mir mit an, daß ich ein' hohn Blutdruck hab. Und muß aus diesen Grund von' Dokter aus eine Kur, sonne Art Rollkur für de Seele: und muß ich mindestens 6 Stunden an' Tag vor de Glotze, und wieder aus diesen Grund: weil mir nur denn de acht Buddel Bier schmecken, und de senken original den Blutdruck. Aber schlag ich zwei Fliegen mit eine Klappe, weil ich ja auch noch Kultur mit aufnehm.

Zun Beispiel gibt das da eine neue Sendung, sonne echt starke Sache ... werden junge Ehepaare ein' Tag vor ihre Trauung vorgeführt, und müssen se ihre gemeinsame Erinnerung' auspacken. Ne, nicht sowas, was du denkst von wegen ausgebeulte Hose und so weiter und so fort, weil das ja vielleicht diese zukünftige Ehe wieder auseinanderbringt, weil der Bräutigam de Erlebnisse mitte verschiedene Verhältnisse durcheinanderwirbelt. Ne, dies ist echt anständig, und fragt der Quizmaster de Männer zun Beispiel nach ne liebenswerte Eigenschaft vonne Schwiegermutter. Und nu kannst mal sehn, wie sich de Knilche da anködeln! Der erste zun Beispiel: daß seine de ganze Wäsche von ihn und seine Verlobte wäscht und weicht sogar mit Lenor ein, und bügeln macht se auch, und spart er ganz anständig, und hat er vonne gesparte Moneten drei Lokalrunden für sein' Kegelklub schmeißen könn'.

Und der zweite: daß seine auch unheimlich hilfsbereit, und nicht bloß bein Saubermachen, leiht ihn auch schon mal Benzingeld, wenn er Mathäi an' letzten, oder daß se ihn mit ne Stange Zigaretten unter de Arme greift. Der dritte denn: daß seine, also, hat dicht an' Wasser gebaut ... in ihre Rührung. Und als se ihn zun erstenmal gesehn hat, ist se auch in Trän' ausgebrochen ... Ich mein, war ja Klasse, de Sendung, aber wär doch de ganze Sache viel witziger gewesen, wenn se da so Paare vor de Kamera gehabt hätten, de ein' Tag vor de Scheidung, und die denn mit ihre gemeinsame Erinnerung' ... Oder wo ich schon in meine kreatiefe Fase bin: da könn' se in' III. Programm, wo se immer diese ernste Sachen ... so Leute inne Krankenhäuser ... de ein' Tag, also, ehe se übern Jordan ... Ich mein, ich will mit diese heilige Dinge kein' Spott treiben, aber spieln se doch sowieso inne letzte Zeit diese aufrüttelnde Filme von damals ... mitte deutsche Stukaflieger an' Abend vorn Einsatz, und kannst schon an Händel sein' Largo in' Hintergrund hörn, daß se von ihrn Englandflug nicht mehr zurückkomm' ... und dies ist dasselbe in leif. Ich mein, könnte man ja auch mit Rücksicht auffe zukünftigen Hinterbliebenen 'n bischen humorvoll machen, zun Beispiel, daß man da so Pastorn vonne verschiedenen Glaubensrichtung' einlädt und sogar diese Prediger von all diese komische Sekten. Und muß nu jeder ne 5-Minuten-Predigt über das Paradies von sein' Laden halten, und gibt der Kranke denn Punkte für. Und für das Paradies mitte meisten Punkte kriegt er denn de Einreisegenehmigung!

ECHTE TREUE

Manchmal gibt das ja Sachen, also, da gehst echt mit in deine Erschütterung. Zum Beispiel wohnte in unse Nachbarschaft ein alten Herrn, so umme 80, aber ruhig. Und hatte ein' Dackel, auch schon bischen älter. Jedenfalls das Tier, als das ein' guten Tag übern Jordan: der Herr ganze Tage hinterher in seine Stube gesessen und geheult, und wenn de Nachbarn ihn was zu essen, hat er das nicht angerührt! Ich mein, geheult hat er da schon nicht mehr, jedenfalls nicht mehr so laut ... und immer so still dagesessen mit seine große starre Augen. Als se den Hund denn zwei Tage später unter de Erde, also, von diesen Tag an war auch der alte Herr wie von' Erdboden verschluckt! Hat man ihn gesucht: auffen Kietz, inne Rentnerpinten, sogar anne unmöglichsten Orte wie Altenklubs und Werkstätten für betagte Bürger, aber nix! Zuletzt aber ein findigen Reporter: hin zu den protestantischen Hundefriedhof. Und tatsächlich: auf den Grab von sein' treuen Lebensgefährten und unheimlich abgemagert: der alte Herr! Hatte da ganz alleine vier Tage gesessen in Sturm und Hagel, aber in aufrechte Haltung! War schon ganz steifgefroren, und habn se zuerst auch gedacht, daß er sonne Art von Monument, und war er ja auch, wollmasagen, als lebendiges Sümbol für echte Treue, und habn se bloß anne Bartstoppeln vonne Leiche gemerkt, daß er ein echten Menschen ...

VONNE TREUESTE FREUNDE VONNE MENSCHEN

Also, auffen Gebiet vonne echte Tierliebe sind wir Deutsche ja einmalig. Und neulich, als auf ne Bundesstraße da ne Dackelmutter an' Jungen war, wollte der eine Busfahrer in sein' tiefen Verständnis, weil er auch ein neunköpfigen Familienvater, also, umme Hundemutter rum, und ist er bei sein' Ausweichen denn ein' andern Buskollegen voll rein. Klar, das Tier mit ihre Geburt: hat ja kein' Schaden gehabt, und de 45 tote Fahrgäste: alles Türken! Und war ein großen Bericht inne Mappe, wo se de Busfahrer: Erich Z. und Hanswilhelm B., hat se der Pastor bei ihre Beerdigungsrede beide mit diesen starken John Maynard aus den Gedicht verglichen, der an sein' Steuer bei ein' Brand langsam verkohlt ist, aber de Passaschiere hat er gerettet, genau wie de Busfahrer mit ihrn Opfer de junge Hundefamilie von deutsche Dackels.

Gebongt, sagst du, aber was das für ein' seelischen Schock für de Hundemutter, da denkst du nicht an! Klar, weißt du natürlich, wenn du so ein Tier, und quälst das zun Scherz, daß das wie du ... also, fühlt genauso den Schmerz ... Aber bei de seelische Sachen, wo ein Mensch ... kann er sich ja aussprechen. Wie unse Tante Anna, wenn de von ihrn ottopädischen Schuster wieder paar neue Schuhe, passen de natürlich nicht und drücken, also, redet se stundenlang an' Telefon und hetzt über den Schuster, daß er se mitte Stiefel, will er se seelisch foltern, bloß weil se nicht inne Zeugen Jehovas rein, wo der Schuster ein höheres Tier bei ist ... und verfolgt er se nu, und se ist ein Märtürer für ihre Landeskirche ... und legt jeden von ihre Hühneraugen ein Zeugnis für ab ... also, ist Erika auch immer

ganz fertig ... Ich mein, sonne Anrufe, wo de Menschen sich aussprechen und de Mitmenschen mit ihre Telefongespräche an den Rand von' Selbstmord ran ... also, störn sogar bei de Peter-Alexander-Schau, das kann so ein Hund ja nicht ... zun Beispiel der Dackel von Flatsch ... immer wenn der inne Sandkiste da in alle Ruhe seine menschliche Bedürfnisse, habn ihn de Görn jedesmal bei gestört mit ihre kindische Spielerei ... und ist das Tier so nervös von geworden, daß das ... und hat vor de Bürgerschaftswahln grade unsen Herr Abgeordneter unse Blocks besichtigt ... hat das Tier ihn ... also, ohne Grund in' Hosenboden rein. War sogar ein großen Artikel in unse Zeitung, daß das ein Attentat von ein' extremistisch verhetzten Tier ... aber war gar nicht an dem ... hat der alte Flatsch denn auch bei den Prozeß ... und wie de Görn sein' treuen Gefährten immer gestört habn inne Sandkiste ... und steckt bestimmt ihr Vater dahiner, und er ist ein roten Junglehrer ...
Der Scheff von meine Firma, also, der alte Herr Bräger ... ich mein, nach außen hin hat er ja eine rauhe Schale ... und kämpft, also, wie Heinrich der Löwe, daß in unsen Verpackungslager keine Heizung reinkommt ... und er : daß er von seine Arbeiter: verlangt er nix, was er selber nicht auch ... und wenn er in seine Abhärtung nach jeden Saunabad drei Minuten lang in' Eiswasser rein ... und bei de Hochwildjagd, hat er noch nie Handschuhe, denn verlangt er diese Abhärtung auch von seine Leute ... aber zu sein' Hund: also, muß ich immer anne alten Filme von den alten Fritz denken mit sein' warmherzigen Verhältnis zu sein Windhunde, genau sowas an Zartheit ist unsen Herr Bräger mit sein' Tier ... ein' Zwergpudel. Zun Beispiel, wenn er mal auf Geschäftsreise, und weiß ich das von sein' Schofför persönlich ... also, seine Alte ruft er nicht an mit sein' Autotelefon, aber sein' Hund Alfons läßt er an' Apparat rufen und tröstet ihn, daß Herrchen bald wieder da ist. Ich mein, das nutzen ja sogar de Angestellten aus: habn immer 'n Stück Wurst inne Tasche, wenn se zu den Alten in das Büro rein ... für den

Jiffel ... Der Schofför sagt, daß der Alte, also, läßt ja in seine Tierliebe de letzte Delekatessen holn ... gibt das sogar Spezial-Geschäfte für Hunde und sind viel teurer als diese menschliche Delekatessen ... der Schofför sagt, die habn sogar Bäbifleisch aus Haiti in Dosen ... aber glaub ich nicht ... ich mein ... eigentlich wär das ja bloß ... vonne Gleichberechtigung her, denn Hundefleisch aussen Formosa-Import gibt das ja auch in unse Feinkost-Läden ... der Schofför sagt, das gibt sogar ... irgendwo anne Alster ... gibt das ein' Klub, wo se Pornos für Hunde zeigen ... und bei de Streifen für perverse Köter: komm' sogar Menschen in vor!

BUZI SEIN ENDE

Ich mein, kannst dir ja gar nicht vorstelln, was das für Elend auffe Welt gibt! Inne Tierasüle zum Beispiel! Und war ein Bericht von in unse Zeitung, wie der Reporter durch de lange Gänge, und rechts und links: ein' Käfig an' andern! Und überall ein paar Tieraugen in ihrn stumm' Schmerz ihn angekuckt wie ein Mensch ... und ein alten Windhund in seine aristokratische Haltung, also: echt wie ein emigrierten russischen Großfürst. Und inne Ferne warn de Weihnachtsglocken an' Läuten, und paar Hunde traurig mitgeheult, aber draußen auffe Geschäftsstraße laufen de Bundesbürger vorbei mit zentnerweise Pakete auffe Rücken und denken bloß anne fette Weihnachtsgans, und von den Elend von diese Kreatur: habn se keine Ahnung von! Ich mein, da hat das der Köter vonne alte Wieberneit aus unsen Block doch viel besser! Klar, se sabbelt auf ihn ein, also, wie ein Mensch, was für ein Fressi er will, ob Reis mit Herz oder Pansen oder Gemüse mit bei ... ich mein, ihr Mann ist ja vor paar Jahre mitmal von' Balkon runter, weil, hat se ihn auch immer in ihre Liebe: was se ihn kochen soll, den ganzen Tag mit ihre Vorschläge ... ich mein, da sind Tiere eben viel dankbarer ... Also, Buzi, das ist nämlich der Name von den Tier, könnte das mit den Balkon ja gar nicht ... wegen sein' enorm' Übergewicht ... war er ja auch schon mal mit in Behandlung ... sogar privat ... weil das ja keine AOK für Hunde gibt ... und hat der Arzt ihn ein Korsett verschrieben, weil sonst, wär er mit seine Bandscheiben ... oder daß er sogar mit sein' Rückgrat durchgebrochen wär wegen den Übergewicht. Aber ist ja noch längst nicht alles, wo sein Frauchen in ihre Liebe mit auf ihn los ... und hat se ihn gegen de Kälte sogar sonne Art Overall gestrickt ... aus reine Angorawolle ... mit vier Ärmel an: für de Beine ... und für de Pfoten: richtige Lederschuhe aus Nappaleder, und Pudelmütze hat er auch mit Beutel für de Ohrn ... also, sowas von entzückend ... bleiben auch alle Leute stehn, wenn se mit ihn de Straßen längs. Und wenn er vor ein' Baum stehnbleibt, denn sie ihn die Hose hinten aufgeknöpft, weil: hat er da sonne Klappe hinten wie bei de bayerischen Seppl-hosen vorne, und wartet er, bis se mit den Knöpfen fertig ... und denn erst seine Bedürfnisse, also, richtig gut erzogen. Und wenn er fertig ist, knöpft Frauchen ihn wieder zu und gibt ihn Stück Hundeschokolade, gibt das ja in acht Geschmacksrich-tung' ... ich mein, wenn se mit ihrn Buzi: hat jeder inne Straße an diesen rührenden Bild sein Vergnügen gehabt ... aber denn kommt da mitmal so ein Strolch und noch nichtmal zehn Jahre alt ... jedenfalls: nimmt ein' Mauerstein und damit auf Buzi sein' Kopp ... und war so ein brutaln Schlag, daß der gleich ... war auch de blutige Pudelmütze in unse Zeitung abgebildet ... und war ein Ausgebrochenen aussen Erziehungsheim! Und als ihn de Polezei: warum er denn so ein scheußliches Verbrechen, er: als er diesen Hund in sein' Anzug, und wie die alte Dame ihn de Hose auf und hinterher de Schokolade in' Maul rein, ist das mitmal so über ihn gekomm' ... also, völlig ohne Grund! Buzi hat ihn noch nichtmal angeknurrt ... ihn nix getan ... Ich mein, sonne perverse Burschen sollten se gar nicht erst inne Zuchthäuser rein, weil ... werden da ja doch begnadigt ... und denn dauert das auch nicht lange und se entführn Flugzeuge ...

VONNE HÖLLE

Also, stand in ein' Artikel in unse Zeitung, daß das in Itzehoe ein' alten Herr gibt, der original weiß, wie das inne Hölle aussieht ... und sagt ein Herr Professer Bender zu, daß viele Menschen, also: erleben sowas, und sagt er auch immer zu seine Schüler, daß das viele Dinge gibt ... also, kann de Schulweisheit bloß von träum' ... oder, daß se sich da nix von träum' läßt, jedenfalls: heißen diese Sachen aus unse Zeitung: Parapsüchologie ... also, ist noch stärker als de Psüchologie ... ich mein, ist das genauso wie bein Militär und bei de paramilitärische Sachen ... zun Beispiel de Leute von' Werkschutz oder unsen Grenzschutz oder sogar Verfassungsschutz ... also, da kann der Bund gar nicht mit ...
Nu sagt mein Freund Werner, alles, was mit „Schutz" ist ... also: ist unmoralisch, ob das nu „Schutzmänner" oder „Männerschutz", kannst du drehn und wenden wie du willst ... aber laß ich auf unse Schutz-Mächte nix komm', zun Beispiel diese Helden von' GS 69 ... oder de Kampfgruppe von unsen Werk ... da solln de Roten mal komm'! In' zweiten Weltkrieg, wenn da inne Betriebe diese Sabbotasche-Akte ... klar, daß de auch immer von diese linke Gewerkschaftsleute ... Also, passen wir aber auf! Ich mein, daß das jedenfalls in unse Firma gar nicht zu sonne Sachen kommt wie unse Nazi-Zeit! Und kriegen wir auch immer zwei Stunden inne Woche von Betrieb aus und von ein' richtigen Professer ... also, richtigen Unterricht in Freie Demokratische Grundordnung ... ich mein, ist ja wahnsinnig kompliziert ... aber müssen wir ohne Rücksicht auf Verluste auswendig ... ich mein, daß du weißt, was du verteidigst, wenn

du vor den Werktor von Bräger und Co mit ein' Gummistab diese extremistische Hetzer mit ihre Flugblätter ein' über de Warze ... Ich mein, ist ja nu nicht ganz einfach ... vonne FDGO wieder zurück zu de Parapsüchologie, aber unse Zeitung, wo diesen wissenschaftlichen Artikel in war, verteidigt de FDGO ja auch ...

Also, stand wie gesagt, diesen alten Herr aus Itzehoe in, der mit sein' Geist, war er schon mit inne Hölle ... natürlich bloß auf Besuch ... auf Urlaub ... und sagt er: ist eine riesige Baracke, so 40 x 60 Meter, aber mit weißgescheuerte Tische in, und da auf: großen Pott mit dampfenden Eintopf ... Zuerst hab ich bein Lesen ja ein' Schreck, weil: ist genau unse Werkskantine ... wie se leibt und lebt, weil der alte Herr Bräger immer: daß Einfachheit und Schlichtheit, also, sind de beste Haupteigenschaften vonne deutsche Arbeiter, und will er se mit seine beste Kräfte auch hinerziehn ... Und als damals de ersten Türken in unsen Werk ... inne 60ger Jahre, als de Brüder noch dankbar warn, hat einer, daß ihn unse Baracke: kommt ihn wie ein Paradies vor ... Ich mein, wenn ich da nu in Ernst über nachdenk ... und ist vielleicht wirklich so in diesen Jenseits: was für unse Leute, wollmasagen, de Hölle ist, ist für de Türken ein Paradies ... ich mein, ist das ja eigentlich ungerecht, weil de Türken ja auf diese Weise umme Hölle rumgekomm' sind, also, könn' machen, was se wolln: komm' immer in das Paradies rein ... richtig unfär!

ENGEL

Neulich vor Fest sein' Hitler-Film: habn se inne Vorschau noch sonne feierliche Sache gebracht. Von ein' Heiligen-Fest in Italien. Habn se Heilige durche Straßen getragen ... aus massive Pappe ... und dazu denn Engel ... Ich mein, warn ja bloß Kinder ... aber, wie gesagt, genau wie echte Engel: mit weiße Hemden und Heiligenschein und Flügel. Klar, mit richtigen Fliegen war ja nix ... Ich mein, wenn se nun de Görn in so kleine Hubschrauber, hätt das auch nix genützt, wenn se da Goldbronze rübergespräit hätten: wär irgendwie kitschig gewesen, weil: kannst du ja machen, was du willst: siehst doch, daß das 'n Hubschrauber ist und kein Engelsflügel!
De Görn hatten se ja an so flache Schüsseln geschnallt, und die warn wieder an so Stahlfedern ... jedenfalls: bei jeden Schritt sind de Engel bischen inne Luft rein und habn ganz echt mitte Flügel geschlagen, also: sowas von bezaubernd! Habn natürlich nicht abgehoben, weil se: warn ja anne Schüsseln festgebunden. Ich mein, da passen de Gewerkschaften schon auf mitte Vorschriften für 'n Unfallschutz. Aber wie de Engel mit ihrn Lächeln, also, sind mir in meine Rührung de Trän' literweise de Backen runter. Klar, daß Erika nun wieder alles kaputtgehaun mit ihre taktlose Bemerkung, daß das blöde Grinsen vonne Kinder: kommt vonne Beruhigungsmittel, und sind ja auch noch de Tabletten für gegen Brechreiz mit bei.
Mein Freund Werner, weil er ja schon seit Jahrende da unten sein' Urlaub, also, sieht sich diese fromme Sachen immer in leif an. Und einmal: also, habn de Eltern in ihre Besorgnis ein Engel-Kind wohl 'n paar Tabletten zuviel ... und de Wipp-Mechanik

hat auch verrückt gespielt, jedenfalls das Kind, was soll ich sagen, also ... kam sogar durche Nachrichten inne italjenische Tagesschau: war auf diese Weise zu ein' Märtürer geworden! Also, hat ein Wahnsinns-Glück gehabt, daß das von seine Engel-Rolle ... hat das gleich in echt übergewechselt ... Und hat der Bischof persönlich sogar mit seine eigene Augen gesehn: wie der Lütte mit schlagenden Flügeln in' Himmel rein. Ich mein, sowas ist ja nun echt, wollmasagen, aufrüttelnd, und ärger ich mich immer, daß das sonne Sachen bei uns nicht gibt ...

ERWECKUNG

Also, immer wenn ich sonne Art Verstopfung vonne Seele: ich hin zu diese Auferwecker! Ne, nicht die, die immer, daß Deutschland erwachen soll, weil die ihre Rufe bloß noch flüstern und bringt nix, höchstens südlich vonne Mainlinie, und da auch bloß aus Tradition ... Ich mein aber diese Leute, die unsen Herr Jesus persönlich erlebt habn. Fing damals an, als dieser heiße Billy Graham nach Hamburg, und war damals noch der Berater von ein' gewissen Richard Nixon mit seine tiefe Frömmigkeit. Jedenfalls er: nach 'n Kietz, weil er immer sonne Art sündige Gegend als Hintergrund braucht, wenn er in Fahrt komm' soll. Fing aber ganz ruhig an ... ich mein, das machen ja alle vonne großen Prediger ... der Führer hat manchmal zehn Minuten gewartet, bis er mit seine Reden losgedonnert hat, und Billy auch so lange in sein Gebet versunken: bis alle Fernsehkameras aufgebaut warn, aber denn! Er hoch und de Arme aussenander, und mit eine Stimme, also, da ist Bananen-Erwin von' Fischmarkt gegen wie das Rauschen vonne Klospülung, wenn ne alte Dame abzieht. Naja, er: vonne Sanftheit von den Heiligen Geist, und daß der gehetzte Mensch in unse Zeit Ruhe braucht, sonst kann der Heilige Geist nicht in uns rein, aber er hat ihn drin und will das nu auch vonne andere Leute, und sind denn so wie er in seine echte Fröhlichkeit. Und denn noch: daß de Amerikaner mit ihre kindliche Lustigkeit: ist ein Zeichen für den Heiligen Geist, der in ihn' rumwirbelt, und solln wir nicht de Nase über rümpfen, weil damals inne Bibel: war das genauso! Habn de Passanten auch de Köppe geschüttelt und gedacht, de Jünger habn ein' in' Tee, und immer wieder mit ihrn: daß se voll süßen

Weines, war aber, wie gesagt, der Heilige Geist ... vielleicht auch noch der Herr Jesus mit bei ... und daß die beide in de Jünger ein' losgemacht habn ... und sah denn von außen bischen komisch aus, vielleicht, weil se auch noch sonne Flamme auffen Kopp hatten ... hat da so rumgezuckt, und Billy, also: daß man sich das bei de Jünger echt so vorstelln muß wie de Blitzlichter vonne Kameras, wenn se ihn aufnehm'. Und daß de Leute keine falsche Scham, und wenn se nu merken, daß der Heilige Geist se auffe Schulter, daß er in ihn' rein will, da solln se ohne Hemmung', also, inne Knie brechen und das vor alle Leute laut gestehn. Und nu de Leute, also, kannst dir gar nicht vorstelln, was das für ne Stimmung, und wollte jeder auffe Knie, und ein Geschrei! Schlimmer als bein Winterschlußverkauf! Und einer: daß er Berufsrocker ... und mit seine Fahrradkette alte Opas de Ohrn von' Kopp gehaun, aber nu hat er den Heiligen Geist drinne und will bei de Polezei anfang' ... Und ein andern: daß der Heilige Geist mithelfen soll, daß er de Sache mitte Nachzahlung für de Steuer regelt ... Ich mein, das lief ab wie ein Stockschnupfen, und ist überhaupt nicht aufgefalln, daß Billy ein Amerikaner, weil: hatte er ein' Übersetzer neben sich, und der alles glasklar in das Deutsche rein. Und wenn Billy: O, god! Er: O Gott! Und wenn Billy: Halleluja! Er: Halleluja! Und bei: Amen! Er auch: Amen! Zun Schluß Billy denn noch, daß das nu bald ne Fersehserie über ihn gibt, wie er den Satan eine Schlappe nache andere ... und wird von Klaus Kinski gespielt ...

KREUZFAHRT

Du hast doch bestimmt auch schon von diese starke Kreuzfahrten gehört. Also, ist nicht für Reisende, die irgendwohin wolln, oder daß se mitte Schiffe Fracht befördern, nee, die fahrn einfach so ... klar, hauptsächlich wegen den guten Essen, da sind diese Schiffe ja berühmt für ... Fängt schon morgens an, also, nicht bloß, daß du dir wie 'n normaln Menschen dein Mammeladerundstück hinter de Kiemen schiebst, auffen Schiff hat das schon 17 Gänge! Ich mein, die teiln das ja auf, ist Kaffe 'n Gang für sich, und Milch, und Zucker, und Brötchen, und Butter, und Mammelade, sind schon sechs Gänge! Und weiß man gar nicht als normaln Menschen, daß man jeden Morgen ein' auffe Vornehme schon seine sechs Gänge einwirft. Zun Mittag gibt das denn 35 Gänge und ist echt ne Arbeit, die alle zu schlucken. Ich mein, dazu ist man bei diese Preise ja schon verpflichtet, und bunkerst du also ein, bis dir de Arme abstehn und du so leicht schlecht mit rote Kringel vor de Augen von' Tisch hoch. In solche Fälle ist das natürlich gut, daß du auffen Schiff ... weil: schon der kleinste bischen Seegang, also, hat die Wirkung ... wie bei de alten Römer diese berühmte Pfauenfeder ... Kannst natürlich auch Pech habn und ist kein Seegang, denn mußt du mitte Trimmerei ... aber soll auf diese Schiffe ja von Damen in' Mittelalter wimmeln, und von 45 Jahre an gehn de Fraun ja erst ab ... und ist ja auch so eng auf diese Pötte, daß du se gar nicht ausweichen kannst, jedenfalls hat das ne Wirkung wie Reck, Barren und Matte kombiniert ... Ich mein, da hältst du dein Gewicht schon, daß du nache Kreuzfahrt nicht bloß mitten Anlauf durche Tür kommst.

Meist gehn solche Kreuzfahrten ja auch durch arme Entwicklungsländer mit ihre verhungerte Bevölkerung, und ist aus den Grunde, daß man nach de Landausflüge sein' Gott, wollmasagen fast auffe Knie dankt, daß man nicht so hungert wie diese arme Menschen ... ich mein, die kenn' das ja nicht anders ... aber schmeckt ein' das Abendessen doch viel besser ...

Kann aber auch angehn, daß manche Passaschiere in ihre Sensebeletät abends sonne Art gestörtes Gewissen habn, und ist ihn' der ganze Apptiet vergang', weil se immer an diese Armut denken müssen ... Und habn se für diese Fälle Pastoren an Bord. Der erklärt ihn' denn, daß de Armen in Grunde viel reicher sind als de Passaschiere, und eine Brotrinde ist für de Leute schon de letzte Delekatesse, wo se den lieben Gott für danken, und könn' wir von ihn' lern'! Und wenn se wirklich aus Hunger übern Jordan, ist das sicher, daß sie in das Paradies rein, also, daß se eigentlich noch Glück gehabt habn. Und außerdem ist sonne Kreuzfahrt ja auch 'n Geschenk von Gott, sonne Art Belohnung, und weiß er schon, für was, und wenn er das nicht gewollt hätte, hätt er schon gedeichselt, daß man vor de Abfahrt 'n Bein gebrochen hätte oder 'n Arm, weil ohne ihn kein Haar von' Haupte fällt, also, muß von ihn aus erst genehmigt werden, und das gibt Reiche, die sind viel schlimmer an, weil die inmitten von ihre Köstlichkeiten: hocken die mit ein' Magengeschwür, was vielleicht von ihre harte Verantwortung als Scheff kommt, und dürfen bloß Haferschleim.

Die Pastoren gibt das für beide Konfektion', und de evangelischen dürfen noch ihre Frau mitnehm' und de Kinder, de katholischen habn meist ein' jungen Vikar mit bei. Aber auffe nasse Tur reisen se alle. Und ist das sonne Art Belohnung vonne Reedereien aus, und kriegen bloß sonne Geistliche, de in ihre Gemeinde mindestens einmal inne Woche ein' Diskussionsabend mit diese aktuelle Themen: ob man für de Freiheit ist oder ausse Kirche raustreten soll ... Oder: was den modern' Menschen in diese Zeit mehr bringt: Marx oder Jesus oder was ...

oder: ob man junges Leben in' Mutterleib abtöten soll oder nicht ... Und denn führn die vonne Regierung ja auch Buch über, wo de wenigsten Kirchenaustritte vorkomm' ...
Ich mein, warn wir ja unheimlich stolz, daß unsen Geistlichen für so ein' Dienst auffe See ausgesucht worden ist, und ist ja wohl auch von' lieben Gott gebongt worden, daß er mit sein' Wohlgefalln, also, hat er sein Auge auf ihn geworfen. Und daß er ihn besonders sümpathisch war, kannst auch da an sehn: als nämlich der Pastor vor den Essen nochmal an Deck, und hat er zu de Passaschiere: daß er mit sein' Schöpfer allein sein will und de Elemente, also, hat sein Scheff das ernstgenomm' und ihn ganz schnell ... war auch Windstärke 10 ...
Ich mein, de Mannschaft hat ja noch gekuckt ... aber war de Sicht zu schlecht ... ich mein, vielleicht daß se auch geglaubt, daß er über de Wogen gewandelt und schon zu Fuß zun nächsten Hafen, weil: ist inne Bibel nämlich auch schon vorgekomm'! Ist aber wohl doch gleich zu sein' Scheff hin ...

VONNE SCHEFFS

War schon wieder ein Artikel inne Mappe von diesen Paster Schulz. Kennst du bestimmt auch ... schon von seine Undankbarkeit her hat er ein' unwahrscheinlichen Ruf ... fast so wie Otto von sein' Humor her ... Also, wenn diesen Schulz jetzt ne Singel auffen Markt: würde das bestimmt ein Wahnsinns-Hit. Und alles bloß durch sein' extremistischen Gäg, daß er in seine Bücher und Artikel: erkennt er sein' Scheff nicht an, und daß der nicht für ihn gestorben ist, weil für ihn: ist er gestorben! Ich mein, wenn das auch tatsächlich an dem ist, wie zun Beispiel bei unse Firma, also, bei Bräger und Co, der alte Bräger ist doch auch in vorigen Jahr ... war eine große Beerdigung mit Herrn vonne Industrie- und Handelskammer ... und sogar ein Minister mit bei ... also, nicht offiziell in seine Eigenschaft als Minister, sondern bloß als Trauergast ... hat er bei seine Rede in das offene Grab rein auch immer wieder ... wollmasagen, betont ... für de Zeitungsleute. Und war aus diesen Grunde, weil der alte Bräger ... war er nämlich die nur mit ein' Smoking bekleidete unbekannte Herrnleiche mitte aristokratische Gesichtszüge, de se in ein' Wäschekorb morgens vor de Barrjeren vonne Herbertstraße ... Also, grade unter de Aufschrift „Für Jugendliche ...“ also: daß für die das Betreten verboten ist: hat er untergelegen in sein' Wäschekorb und mit ganz friedliche Gesichtszüge ... wie ein unschuldiges Knäblein, das schläft ... Ich mein, da warn ja dolle Artikel in unse Zeitung: daß dies das Werk vonne Extremisten, die mit ihre bestialische Morde, wolln se de Spitzenkräfte vonne deutsche Wirtschaft und Industrie: wolln se lahmlegen ... und sogar noch auf diese Weise mit

Hohn überschütten ... Aber ist denn später doch ... wollmasagen ... durchgesickert, weil de Dam' ... habn da in ihre Aussagen ... daß das das Herz von den alten Herr ... und hatte sich überanstrengt ... ist er sogar bei diese Sachen ... nicht aus sein' Leistungsdenken rausgekomm' ... also: echt ein Vertreter von unse Leistungsgesellschaft, und sechs Dam' hinternander weg soll ihn mal erstmal einer nachmachen! Klar, de Nutten ihre Aussagen könn' auch vonne Linken: daß die se dazu erpreßt habn ... Aber auch, wenn das keine Erpressung ... ich mein, kannst du Herr Bräger nicht mit so normale Puffkriecher vergleichen, weil: war er ein Ausnahmemensch in seine Kreativität ... Also, was er da alleine an Gesetzeslücken rausgefunden hat auf den Gebiet von' Finanzamt und zun Nutzen für de Firma, da muß er auch auf andere Gebiete mit besondere Maßstäbe ... Und hat der Bischof in seine Rede jedenfalls in ein' glasklaren Beweis, daß bei so ein' Menschen: gehörn sogar diese Ausgleichs-Sachen zu seine Arbeit für de Firma, also, hat er sich in sein' Wirken für de Belegschaft regelrecht aufgerieben ... Und schöpfen alle Industriekaptäne ihre unternehmerische Kraft von diese Sachen ... und Göthe und der Oberste vonne Griechengötter und sogar Bismarck solln auch so gewesen sein ... und hat keiner was über gesagt ... und bei ein' vonne dänische Könige war das bis inne letzte Einzelheiten wie bei unsen Scheff ... auch in ein' Wäschekorb ... Und kann man auf diese Weise auch bei Herr Bräger von ein' königlichen Tode sprechen ... Und sind wir auch alle stolz auf unsen Scheff. Ich mein, und da kann sich diesen Herr Schulz mal ein Beispiel an nehm', und sowas will Paster sein, ich mein, Vorbild für seine Gemeinde! Da ist zun Beispiel unsen neuen Prokurist Wipf ganz anders! Wenn der in das Scheffzimmer rein, er gleich vor das Bild von den alten Bräger ... und, also, unterhält sich richtig mit ihn, natürlich nicht laut, mehr so inne Art von eine innere Zwiesprache ... Jedenfalls, der Juniorscheff: war richtig fertig, und zu Herr Wipf: ob der Alte ihn auch echt antwortet ... so durch sein Bild, ich mein, gibt ja vielleicht wirklich diese Sache zwischen Himmel und Erde, wo unse Schulmeister von träum', und Wipf: er kriegt Antwort, aber hat Auftrag von' Alten, daß er das streng geheim ... Und will ihn nu der Junior zu den Leiter vonne neue Filiale machen ... weil ihn das mit den Bild unheimlich ist ... Ich mein, wenn Herr Schulz auch in diese Weise von Herr Wipf ... wär er bestimmt schon Bischof oder sowas ... aber nein ... und muß sich nu auch nicht wundern, wenn er de 7 ägyptischen Plagen auf sein' Haupte ... und de erste hat er ja schon an' Hals, diesen Zuchtverfahren, wo ihn seine Amtsbrüder ... ich mein, hat ja alles in meine Zeitung gestanden, gleich neben de Fußballberichte, daß de andern zu ihn: er soll nu mal endlich de Hose runterlassen ... also, den Talar ... und sein wahres Gesicht zeigen ... also, daß er den Satan verfalln ist ... und soll an' nächsten Montag über berichtet werden!

SCHENIES

Also, diese Schenies kannst schon vonne früheste Jugend an erkenn'! Aber daß an ihre Wiege sonne Art Fee und flüstert ihn' inne Löffel, was für ein' Berufszweig se mal nachgehn solln, also: glaub ich nicht an! Oder daß das Schenie nachts und kann nicht schlafen, weil da mitmal so ein Ruf an seine Ohrn wegen diese Berufung: ist auch Quatsch! Oder kommt da son Engel und drückt ihn ein' auffe Stirn, und davon kriegt er denn seine Einfälle: glaub ich auch nicht!

Diese Schenies habn das wohl schon so von Anfang an drinne, ich mein, daß se alles besser und früher machen als de übrige Masse. So wie Jesus ... hat ja schon mit zwölf Jahre ne Fliege gemacht von zu Hause, und habn seine Eltern ihn endlich inne Schule gefunden, wo er de Lehrer was erzählt hat, und habn ihn sogar zugehört.

Oder diesen starken Albert Schweitzer, wenn seine Freunde mit ihre Katapulte auffe Spatzen los, hat er mit seine Predigten so lange auf se ein ... bis ihn' de Lust vergang' ist. Und ein Rehlein mit ... also, hatte sich, glaub ich, das Ohr abgeknickt oder ein' vonne Hufe verstaucht: hat er auch wieder hingebogen. Und war erst zehn Jahre alt! Und später ist er denn ja diesen großen Negerarzt geworden, den wir alle ausse Filme kenn'.

Oder nimm mal den klein' Mozart, der hat mit fünf Jahre schon sein eigenen Saund gehabt! Von den klein' Händel gibt das sogar ein Bild, wie er da nachts mit bloße Füße in sein' dünn' Nachthemdlein allein auffen zugigen Dachboden, wo seine Eltern ihrn Flügel stehn hatten. Und der Kleine in den Schein vonne Kerze war er da bei de Tasten an' Wirbeln. Inne offene Tür standen denn de Eltern, auch in ihre Nachthemden, und natürlich: gerührt! Und kann ich mit vorstelln, daß der Vater denn auch, daß er das Schenie sieht, wenn der Kleine sogar nachts: daß er da von seine Begabung getrieben wird, und will er nicht gegenan, weil: hat ja doch kein' Sinn. Ich mein, war ja echt ne Überwindung, weil er in sein' Beruf als Mathelehrer oder Steuerberater oder sowas Trocknes, also, hat man ja für diese weiche Sachen wie Musik kein' Sinn für.

Bei den klein' Albert Einstein war das nu genau umgekehrt, weil sein Vater: war was Hohes in Musik, sonne Art Karajan mit sein' dämonischen Dirigiern. Ich mein: bei den, da kannst das richtig von außen sehn, wie ihn diese genialn Kräfte an' Wickel ... Ich mein, ich weiß ja auch, wie sowas ist, weil: ich hab ja selber mal dirigiert ... in' Hofbräuhaus auffen Kietz mit diese starke Bayernkappelle. War auf unsen Betriebsausflug, und ich hatte schon ... also, sowas von Frost inne Gurke gibt das gar nicht ... und sagt mitmal der Scheff, ob ich nicht mal dieses starke Friesenlied dirigiern will, und er schmeißt auch ne Lage für de Musiker. Klar, daß ich denn nach vorne, zwei vonne Stifte habn mich abgestützt, weil ich de Hände: mußt ich ja dirigiern mit, und de Musiker habn denn auch echt unter meine Stabführung ... Und alle ausse Firma denn dieses Lied mit den starken Heimatgefühl, wo de Nordseewelln und so weiter und so fort, bis: dor ist miene Heimat, dor bün ik ... also, ich bin nu schon wieder ganz fertig in meine Sensebeletät ... und wenn du das nicht in dein' Innern, also, kannst du sowas bloß ahn' ... oder, wollmasagen, sogar fühln ... und als Türke vesteht man das gar nicht. Jedenfalls, wie de machtvolln Stimm' von unsen Betrieb, und den Scheff seine Stimme immer ganz hoch überweg wie bei diese starke Donkosaken, wo auch einer immer ganz hoch, und de andern mit ihre russische Seele und ganz tief: „Womm! Womm!“ Und ich mit meine Arme inne Luft ... also, fängt doch mitmal der Scheff ... echt an zu heuln ... und zu mir: daß er, also, hat ihn übermannt, und er war mal mit seine Gemahlin in Bayreuth, wo se immer diesen Wagner geben, und war das längst nicht so stark wie ich mit meine Darbietung ... Jedenfalls, in diese Art war der Alte von Einstein auch, und hat den klein' Albert schon ... also, son Flügel oder was ... ich mein, kann auch ne Baßtuba gewesen sein, mit inne Wiege gelegt. Aber der Kleine wollte immer bloß rechnen, weiter nix, und ist da ja später auch ... was Rudel bei de Flieger und Franz-Josef inne Poletik: war er inne Rechnerei!

Mein Freund Werner immer: daß sein Howard-Sebastian, daß der auch anders als seine Kollegen, weil er mit manche Sachen früher, aber glaub ich nicht, daß das 'n Schenie ist, bloß weil er mit seine 12 Jahre schon 'n Vollbart hat und 'n Baß wie Hildegard Knef erkältet. Da ist das mit meine Manuela mit ihre fünf Jahre schon anders, und hat se inne Süßwarnabteilung bei Hertie, also, steckten da so Lollies in sonne Stüropurkugel, und stand unter „Lolli-Igel", also, hat sie alle Lollies halbaufgelutscht. Ich mein, das ist ja nu echt Intellegenz, weil: hat se ja kein' Lolli rausgezogen und mitgenomm', weil das ja Diebstahl und wird bestraft ... ich mein, bei diese Begabung auffen Gebiet vonne Wirtschaft kann sie vielleicht noch mal sonne Art Neckermann in weiblich werden und lutscht denn Million' Kunden ab, und das mitte Lollies steht später inne Betriebskronik.

ÄRZTE

Weiß ich echt nicht, was de Leute alle gegen de Ärzte habn! Was die durchmachen! Gibt das ja Wahnsinns-Filme über ... und ne ganze Roman-Reihe! Klar, wenn se noch so richtig idealistisch vonne Uni komm', macht ihn' das mitten Diagnosen-Raten noch richtig Spaß, und wenn se nach ihre Untersuchung: daß das bei den Patienten ein original Herzinfarkt, und geben ihn auch de Spritzen dafür, und denn ist das doch de Galle oder daß sich de Därme verknotet habn, also: nehm' se das noch mit Humor und machen da ihre fröhliche Scherze aussen Ärztekalender über, aber wenn se denn später selber als Scheff mit diese Wahnsinns-Verantwortung und den Skalpell inne nervige Hand ... Also, ist ja eigentlich diese Lektüre mehr was für Fraun, weil de ja schon von ihrn Gefühl her irgendwie tiefer als de Männer, aber les ich denn heimlich, und kommt ein Professer von Burgdorf in vor mit ein' schmalen ernsten Gesicht mit intellegente graue Augen, und anne Seite de Schläfen sind auch grau und wohl auch intellegent.

Jedenfalls er: 24 Stunden lang ein' Patienten nach den andern wegoperiert, und bloß mit seine sonore Stimme zu de dunkelhaarige Schwester Hannelore: „Skalpell" oder „Tupfer", also, hat er ein' Wahnsinns-Bedarf an, und langt se ihn auch immer hin, und berührn sich ihre Finger bei, und zuckt denn immer durch ihrn Körper durch, als wenn se mitte Flossen in ein' defekten Thoster rein ... Und wird denn in' nächsten Kapitel von den hinterhältigen Dokter Hassan aus Persien ... und ist, also, das glaubst du nicht, wie von' Ehrgeiz kaputtgefressen, ich mein, will selber Scheff werden, also, daß er den Professer von Burgdorf aussen Sattel ... und schlingt auch immer mit seine tückische Schielaugen de Schwester Hannelore in sich rein ... jedenfalls, ein' Tag: dieser Hassan wieder voll wie Hacke, aber von diesen Morfium, was er immer aussen Schrank mitte Betäubungsmittel raus und dafür kleingehackten Würfelzucker wieder rein ... er jedenfalls in sein' ausgeflippten Kopp: fährt ne Dame über ... und natürlich Fahrerflucht. Klar, als de Dame denn auffen Operationstisch, scheckt der Professer, daß das seine Frau ist, diese bekannte Opernsängerin mit all ihre Pläiboybekanntschaften, und die inne ersten 30 Seiten von eine Gala-Premiere zu ne andere, und lag sowieso in Scheidung mit ihrn Mann, weil der nur in sein' Beruf aufgehen wollte. Aber nu, wo er mit seine in ihre Augen rein, kriegt er doch echt 'n Flattermann, weil: fällt ihn mit einmal de ganze Vergang'heit ein, wo er als Junge de Sängerin von den Kirchenchor mit ihre helle Stimme ... und de Lerchen an' Himmel dazu und de alte Kirchenorgel, wo der lahme Küster mitte weißen Haare vor ... und er noch ein jung' Abiturient mit sein' ersten Preis für Jugend forscht, für seine Versuche, wie lange man Frösche aufblasen kann bis se ... also, mit ein' Knall ... und kriegt so ein' Krampf in seine sensible Finger, daß er die Operation an diesen Dokter Hassan, und der natürlich: macht nu ein' von diese Kunstfehler, wo Hacketal immer als Gäg mit in seine Bestseller rein, also, daß er de Luftröhre irgendwie an' Zwölffingerdarm anschließt oder de Lunge mitten Magen zusamm'näht oder sonne makabre Sachen, und betäubt de Opernsängerin natürlich mit sein' Würfelzucker. Von ihre Schreie ist natürlich der Professer wieder angelockt worden, ich mein, ändern kann er an de Sache von sein' Kollegen auch nix mehr, aber hört noch de letzte Worte von seine Frau: daß er das man nicht so tragisch nehm' soll, und ist ja auch ihre gerechte Strafe für ihrn Lebenswandel, und hat sie vorhin da ne kleine Krankenschwester gesehn mit sonne warmherzige Augen und niedliche braune Haare, die soll er mal für de nächste Ehe vormerken ... also, wie der Prinz bei diesen Aschenputtel ...

und sind auch schon ihre letzten Worte. Inne Zwischenzeit hat der Dr. Hassan versucht, Schwester Hannelore inne Verbandsmull-Deponie reinzustoßen, weil er se da ... also, in seine tierische Sinnlichkeit ... aber kommt in' letzten Moment der Professer, weil ihn das nach de letzte Worte von seine verstorbene Frau wie Schuppen vonne Augen, und wollte er sofort gehorchen ... jedenfalls, der Hassan auf ihn zu, und mit seine Halsschlagader: direkt in das Skalpell rein, was der Professer noch inne Hand ... Klar, daß er mit schreckliche Flüche sein' Geist ... also, gibt er auf ... Schwester Hannelore natürlich mit ein' innigen Leuchten inne Augen anne Brust von den Professer ran ... und ausse Ferne de ernste Stimme von ein' Priester, der bei seine letzte Ölung de tote Opernsängerin an' Beöln ist ... An Ende von' Heft ist denn noch beschrieben, wie de Krankenschwester, ich mein, kommt ja aus kleine Verhältnisse und kann mit den Professergehalt nicht umgehn und: eine Party nach de andere! Zun Schluß läßt se sich noch umschuln als Kunstmalerin und kommt ganz groß raus mit Ausstellung' auffe ganze Welt. Inne Klinik von den Professer aber sind wieder zwei neue Kräfte eingestellt worden: Schwester Erika mit ihre treue blaue Augen und ein gewissen Dr. Mohammed aus Arabien ... Also, bin ich richtig gespannt auf, wie das weitergeht in' nächsten Heft ... Aber eins, verstehst du, will ich dir mal echt ehrlich von Mann zu Mann: Medizin-Professer möcht ich nicht um alles inne Welt ... und wenn se mir auch ein Fantasie-Gehalt von, wollmasagen, 3000,– in' Monat hinblättern!

GURU

Erika ihre Schwester Aknes ist, wollmasagen, so wie de Königin Fabiola. Denn wie das bei die mitte Thronerben, ist das bei Aknes mitte Ehemänner! Komm' und komm' keine! Aber sie denn inne letzte Woche bei ihrn Besuch: daß se diese primitiefe Ehe-Sache, ist se nu ganz und gar gegen, weil se jetzt de feinere geistige Sachen: hat se bei sich entdeckt, und sucht nu auch noch nach ihrn Ich, und wenn sie das hat, will sie das noch wahnsinnig ausweiten. Ich bei diese Stelle zu Erika: daß der Gummizug von meine lang' Unterhosen: ist auch ausgeweitet, und soll se mal nachziehn ... Und Aknes: sonne höhere Sachen mit „Ich" und daß man da nach sucht, kann ich mir wohl nicht vorstelln, und ist bei mir echt verschüttet ... und kommt vonne Ehe ... Klar, daß Erika nu hoch wie ein Weckglas mit faule Bohn', und: so wie bei Aknes hat das bei de Knatts nebenan auch angefang', weil der Knatt: jeden in' Haus mit seine Mittleifkreisis angelabert, und wollte nicht mehr abtrocknen und mit den Hund raus ... und zun Schluß hat er denn in seine Verwirrung vonne Bahnhofsbrücke aus auffe Starkstromleitung ... also, sein kleines Geschäft rauf ... echt ne Kurzschlußhandlung ... aber tödlich ...
Und Aknes: das mit unse Aggressivität kommt auch vonne Ehe. Und diese höhere geistige Freiheit und Entspannung: kenn' wir nicht, aber sie kann uns das ja mal zeigen, und ob wir mal mitwolln zu ihre Gruppe, und machen da Joga. Das ist indisch, und kommt man mit in diese höhere Sfären, und lacht man zun Schluß in seine Weisheit bloß noch über diese kapitalistische Gesellschaft mit ihre Konsumbedürfnisse ... also, wie ihrn

Guru ... und ein Einführungsabend kost für Ehepaare bloß 80,– zusamm' und ist sonne Art Sonderangebot, weil de tiefe Weisheiten von diesen Guru: sind gar nicht zu bezahln! Und was wir da in unse Iche für Kraftquelln lockermachen, da ist, also, Kraft auffen Teller, Knorr auffen Tisch nix gegen! Naja, was soll ich sagen, Erika und ich natürlich mitgesockt, oder willst du dir sagen lassen, daß du kein Ich hast ... und willst da noch nicht mal nach suchen und das ausweiten ...

Also, was soll ich sagen, de Leute da mit ihre leise Stimm': sehr höflich, und diesen Guru mit seine indische Koppbedeckung und sein' Flattermantel, wollmasagen, richtig sümpatisch ... Aber denn: sollten wir uns wie de andern: de Schuhe und Strümpfe aus ... ich mein, barfuß ... Klar, daß ich auf sonne Sache: war ich echt nicht auf vorbereitet ... und hätte der Guru wohl auch nicht in sein' unbekümmerten Wesen, wenn er gewußt hätte ... ich mein: hab ich mit meine bloße Lamelln mal ein' ganzen Zug vonne linke Demonstranten mit gesprengt ... als sonne Art 007 mit seine Geheimwaffe ... daß se in eine tierische Geschwindigkeit von unsen Werksgelände wieder runter ... und hat der Herr vonne Polezei denn auch nachher zu mir, daß ich ein staatstragendes Element und hab ein Stück vonne Demokratie gerettet, weil de roten Anarchisten: nach jeden Arbeitsunfall fang' se mit ihre Demonstration' an, als wenn das son Sport von ihn' ist ... also, daß meine Mauken se das Fürchten gelernt habn, und der Scheff hat mir auch 'n 100,– Schein inne Hand ... Aber nu konntest du sehn, daß diesen Guru und seine Leute: war ein ganz andern Schnack als diese degenerierte Linken, weil: habn bischen mitte Augen geplinkert, aber weiter nix ... Und der Guru zu Erika und mir: sollten wir uns, also, echt indisch, mit gekreuzte Beine auffe Hacken setzen, in' Schneidersitz. Ich denk, mir platzen de Nägel ab, so ein Schmerz war das ... ich mein, Jesus mitten Nagel durch de Füße: war nix gegen, und hab geschwitzt wie ein Weltmeister. Und nu der Guru: daß das nu erst anfängt, und wollte er, daß wir unse Energien, und habn wir da, wollmasagen, sonne Art Zentrum von an unsen Unterleib, sollten wir in warme Ströme durch unse Füße über de Brust in das Gehirn leiten ... ich mein, da hab ich ja nu abgeschnallt ... denn mußt dir mal vorstelln ... mit all diese Sportsflecken auffen Brägen ... da ist de Grenze vonne Geschmacklosigkeit ja nu doch echt überschritten, und dabei hat diesen Guru auffen ersten Blick: also, hat er 'n richtig vornehm' Eindruck gemacht!

THOR

Mein Freund Werner verkehrt ja in sonne echt deutsche Kneipe, also, wo se vorne an' Ausschank: habn se sogar den Badenweiler inne Box, und wenn ein' ihn drückt, habn de Gäste alle Trän' inne Augen ... und hinten ist noch ein Raum, und sind da Studenten in, die sich mit echte Säbel über de Köppe ... richtig wie de alten German', und stehn manchmal bis zu de Knöchel in ihrn eigenen Blute ... ich mein, wenn se sich de modern' Schuhe mitte hohen Absätze ausziehn ...

Und steckt diese Atmosfäre wohl an, weil Werner immer öfter: daß der wertvolle nordische Mensch ... braucht seine Freiheit, also: muß mindestens zwei Fraun habn ... soll son Gesetz bei Adolf ja sogar schon in Vorbereitung gewesen sein ... richtig von' Staat aus ... und ist auch ein Mittel, daß wir uns von diese verweichlichte Demokratie wieder erholn und das berühmte Stehvermögen, diese Härte von unse Vorfahrn, wieder antränieren ... also, wie diesen starken Körk Dagläss in seine Wickinger-Filme ...

Und sagt Werner: liegt ein' wertvollen nordischen Mensch auch schon von selber in sein' Blut, daß er da gar nix gegen machen kann! Also, lebt denn so ... wie seine Götter auch ... das warn de Idole von damals ... und wie Djonn Wäin heute mit seine heiße Kolts hatten se damals diesen kriegerischen Thor. Und wenn er da irgendwo sonne knackige Alma Hoppe: er ihr gleich mit sein' Hammer auffe Bude gerückt ... also, nicht wie Fiete Honka mit seine Axt, weil Thor sein Hammer, sagt Werner, war mehr ein Sümbol ... har er selber mal gelesen ... also, ein Sümbol für ... mag ich sowas Unanständiges gar nicht ... wollmasagen, für seine Manneskraft. Ich mein, für sonne fonografischen Sachen habn de German' ja immer ihre Sümbole gehabt, weil nach außen hin ... wollmasagen, für de Nachbarvölker: warn se rein ... Genau wie unsen Nachbar Wapp: nach außen hin ist er Kirchenvorstand mit seine niedergeschlagene Augen in sein' fromm' schwarzen Anzug ... aber alle Dam' aus Onkel Herbert seine Straße wissen, wie er mit sein' Vornam' heißt ... habn se mir selber erzählt!

Als Werner nu immer wieder mit seine Laberei von diesen Thor ... ich denn: was Thor seine Frau denn dazu, wenn ihr Ehemann immer aussen Haus mit sein' Hammer inne Tasche? Und Werner: klar, für de Freundinn' war der Hammer ... hat er ihn, wollmasagen, als Sümbol ... eingesetzt ... Aber de Ehefrau hat das nicht gescheckt, und war für sie der Hammer bloß 'n Handwerkzeug ... also, daß der zu Thor seine Ausrüstung als Kriegsgott gehörte ... Und hätte er seine Frau auch ein' mit über de Rübe, wenn sie mit ihre Fragerei auf ihn los ... weil: die germanische Frau antwortet nur, wenn se gefragt wird, und sonst schweigt sie! Und diesen Thor war ja fünfmal verheiratet ... wie diesen Curd Jürgens. Und ich: was de Polezei denn dazu ...? Und Werner: daß für Götter ... gildet de Polezei nicht ... und dürfen alles ... also, ist genau wie bei diesen ehemaligen Nixon mit seine Einbrechergäng ... der kriegt sogar noch Rente! Und für ein' wertvollen nordischen Mensch: also, muß das auch Sondergesetze für geben ... oder gar keine.

Naja, wenn du diesen Gedankengut immer wieder in deine Ohrn rein ... ich mein, da kommt das nordische Blut schon hoch in ein' ... vor alln Dingen nachts ... War vorgestern ... 2 Uhr ... da wach ich mitmal auf ... und lag de Ehefrau so an meine Seite ... richtig unheimlich in ihre Ruhe ... ich mein, schnarchen tut se ja ... aber sonst: kein Wort gesagt! Und mitmal ich in meine wilde Entschlossenheit: also, wie diesen Thor ... oder wie Hitler immer in seine Reden: hab ich reingegriffen in meine Frau ihrn Strickzeug, was se immer auffen Nachttisch: hat se das

zu liegen, weil se was zu tun habn muß bis zun Einschlafen. Jedenfalls ich: ne Nadel raus, und hoch in meine Faust geschwung' ... da grinst mich meine Frau ihr Gebiß aussen Glas ... steht ja auch auffen Nachttisch und lag das Strickzeug über, aber als ich de Nadel raus, liegt das mitmal so vor meine Augen ... nackt ... und fletscht mich da echt an, als wenn das seine Herrin beistehn will in seine Nibelung'treue! Also: hab ich vor Schreck de Nadel ... daß se mit Geklirre auffen Fußboden ... und seh ich auch schon, wie de Frau, also, blinzelt mit ihr ein' Auge so tückisch, als wenn se schon de ganze Zeit wach war und hat mich beobachtet mit mein' Attentat ... Klar, daß ich mich entschuldigt ... aus Taktik natürlich, damit se nix ahnt ... also, in Taktik ist Wehner gegen mich ja ein Waisenknabe. Und ich zu ihr: daß ich grade mitten in ein' Alptraum ... und das mitte Stricknadel hab ich als sonne Art Schlafwandler ... und war ich in diesen Traum: St. Georg, der mit sein' Schwert, also, mitte Stricknadel grade auf sein' Drachen los ... aber bin ich in letzten Moment gottseidank noch aufgewacht ...
Ich mein, in Wirklichkeit war ich in diesen Augenblick ja unheimlich sauer ... Aber wenn da mal in Ernst über nachdenkst ... wenn ich das ... wollmasagen ... wirklich ... hätte de Schmiere das von den St. Georg-Traum vielleicht gar nicht geglaubt ... und denn die Scherereien ... da ist das, daß das so geblieben ist, doch besser ...

STÖRTEBEKER

Von diesen starken Störtebeker hast du bestimmt auch schon gehört, und war seine größte Begabung: wenn der sich ein' Kanister mit vier Liter Korn an' Hals, also: hat er mit ein' Schluck runter! Und gibt das aus diesen Grunde noch kein' Film über, weil: das bringt nichtmal diesen starken Curd Jürgens, und wenn der bloß zwei Flaschen Wiski nachnander: ist er schon fertig von! Und denn geht das, daß das kein' Film gibt, ja auch vonne FDGO aus, weil Störtebeker, wenn er damals de Großunternehmer enteignet hat, hat er das in gleiche Teile für seine Angestellten überlassen, und ist ja direkt Kommenismus und Extremismus auf einmal! Naja, schließlich habn se ihn mit ihrn Atlantikpakt von damals doch an' Kragen, und so inne Art vonne Baader-Meinhof-Prozesse ... habn se ihn damals auch ... aber mit noch mehr Menschlichkeit, weil: habn se ihn gleich umgebracht, und mußt er de Hinrichtung auch nicht selber ... Und habn sogar mit ihrn Verständnis: daß er sich sonne Art Gnade wünschen darf. Und er: daß er einsieht, wenn se ihn mitten Beil de Rübe ab, aber seine Leute solln da nicht unter leiden ... und könn' da ja nix für, weil: habn se ja bloß seine Befehle, wollmasagen, ausgeführt ... wie ein guten Beamten, und hat ja schon immer für seine Leute gesorgt ... also, genau sonne Worte wie unsen Verteidigungsminister immer zu seine Generäle, wenn er se pensioniern läßt ... und er will gleich nach de Hinrichtung mit abben Kopp anne Reihe von seine Leute längslaufen, also, genau wie bei diese Staatsbesuche, wenn unsen Kanzler mit seine Besucher denn anne aufgestellten Soldaten vorbei mit ihre präsentierte Gewehre ... ich mein, der Kanzler

soll ja sein' Kopp noch ... daß er ihn unter den Elbsegler verborgen hält ... jedenfalls, wo Störtebeker an vorbeikommt: die sollten nicht mit diesen Fallbeil behandelt werden ... Naja, habn de von' Senat auch gesagt, daß das gebongt ist, und ist ja auch mal ne kleine Abwechslung bei diese langweilige Hinrichtung', wo doch nur immer dasselbe, und kennt man ja schon, also: bringt so ein klein' Rudi-Carell-Gäg doch 'n bischen Unterhaltung rein.
Ich mein, de von' Senat hatten ja damals auch schon Humor, und als den Störtebecker de Augen dichtgebunden warn, da habn se de Reihe vonne aufgestellten Seeräuber mit lautlose Zeichen, daß se sich in eine andere Richtung, wo ihr Scheff gar nicht auf eingestellt war, und die das auch gemacht. Klar, als er mit abben Kopp von sein' Richterblock hoch, ist er denn auch inne ganz falsche Richtung losgelatscht, wo keinein stand! Die von' Senat habn sich natürlich Warzen anne Luftröhre gelacht ... und habn den Seeräuber voll aussen Blickwinkel verlorn!
Naja, und nu, sagt diesen Volksmund aus Barmbek in sein' Sagenschatz, also, soll er weitergelaufen sein, und ist irgendwie inne Alsterstaffel reingekomm' und erster geworden! Bloß diese Hosteß, die immer vonne Stadt aus den Sieger mit Küsse auf beide Backen, wenn er über sein Zielband rüber ist, also, hat 'n Schock gekriegt! Und als der Sportsenator ihn de Ehrnkette um' Hals, ist die auch immer wieder abgerutscht, weil se kein' Halt. Und ist denn auch von' Sportgericht aus disqualifiziert worden, weil ein Läufer ohne Kopp hat das ja wegen den Luftwiderstand echt leichter, weil da ja keiner ist, und ist unfär.
Ich mein, da gibt das ja noch ein Gerücht, daß er zun Rathausmarkt gelaufen ist ... und da auf den Laufsteg, wo de Bürgermeisterkandidaten vor de Wahln wie de Mannekängs anne Ratsherrn vorbei, also, ist er von' paar Extremisten raufgeschubst worden, und habn ihn alle gewählt, weil er der einzigste war mit ne sümpatische Ausstrahlung! Hat denn auch lange regiert und auch geheiratet und alles, ich mein, war vonne Beliebtheit her

echt Spitze vonne Hamburger Bürgermeister, weil er alles ohne lange Sabbelei ... paar energische Gesten und war alles! Ich mein: Kopp stört da bloß!

BERUFSSCHADEN

Also, gibt das ja nu in Bayern, aber echt wissenschaftlich, ein Institut, wo du schecken sollst, wie du, also, richtig lustig, und, wollmasagen, sogar heiter über 'n Jordan gehst ... Und lernst du alles in ihre Sterbeseminare ... Ich mein, ein' richtigen Abschlußexam' machen se ja nicht, aber lernst doch was fürs Leben ...
Das heißt, bei mein' Onkel Max ist das ja ein Problem, aber er gibt nicht auf, und hat sich schon wieder angemeldet ... zweimal ist er ja schon durchgefalln, weil: stand auch in diesen Zeugnis: bringt er einfach nicht de nötige Heiterkeit auf. Ist ja bei ihn berufsbedingt, weil: vor de Rente hatte er ein' Job als Duhbel inne Albert-Schweitzer-Filme, und hat da inne Sterbeszen': mußt er immer so traurig ausse Wäsche kucken von' Regissör aus, und hat er sich so an gewöhnt, daß er nu sein' eigenen Tod: versaut er sich richtig mit diese Sache!

VIEL BESSER

Ich bin ja nun schon so lange bei Bräger und Co, daß wohl schon inne nächste Monate der Scheff mitte goldne Armbanduhr anglitschen muß. Ich mein, wenn Beamte so lange auf ihrn Sessel ... oder auch Politiker, kriegen die ja bloß 'n Verdienstkreuz ... Ich mein, hab ich mir natürlich auch schon ausgemaln, wenn die mir so ein' Eumel um' Hals ... Klar, sieht ja wahnsinnig aus zun Sacko ... aber: wann sollst dir das Ding anstecken? Bei de Arbeit: geht nicht, ist sogar verboten. Nach den Unfall mit Antonio, weil er ja mit seine Halskette, wo er ein' massiven Kreuzifix an, also, ist er mit inne Fräse rein, hat ihn der Jesus da echt mit reingezogen, ich mein, wenn das der Dank sein soll, wo Antonio ja jeden Sonntag in seine Messe rein und sogar Kirchensteuer bezahlt!

Und nache Arbeit vor de Glotze ...? Da häng ich mir doch bloß 'n Unterhemd übern Boddi und paßt der Orden auch nicht zu ... Und an' Sonntag inne Kneipe oder auffen Fußballplatz? Da denken de andern Knacker doch gleich, das ist 'n Sümbol von' andern Fußballverein und häng' mich anne eigene Hosenträger auf. Und bei de Familienfeste? Da habn se Max sein Abzeichen von' Bund vonne ehemalige Mariner inne Bowle rein, und mußte Tante Alwine mit ihre gierige Schlucke denn auch mit Blaulicht zun Hafenkrankenhaus, also: hast vonne Uhr echt mehr von ...

ERIKA SCHECKT DAS NICHT

Manche Menschen, also, kannst echt bedauern, zun Beispiel diese Fabiola oder Soraja ... habn nu alles, was das Herz begehrt an Moneten, aber das höchste Glück von diese Erde ... wenn so ein kleines neugeborenes Menschenkind da an ihre Mutterbrust ran ... habn se nie kenn'gelernt ... Ich mein, da ist das mit Erika ja ganz anders, weil: hat ja unsen Thomas, und auch ich ... hab mein' festen Job bei Bräger und Co, kenn den Scheff persönlich ... und sogar der alte Bräger, nicht wie bei de Kanacker: he, Ali, komm mal her! Und sogar bei de Deutschen: immer auf du ... aber bei mir: immer Sie! Nie anders gewesen, und immer Herr! Ich mein, ich sag ihn ja auch de Wahrheit, und wenn er tausendmal der Scheff ist. Da kenn ich nix. Und er weiß das! Als er neulich nämlich: warum ich de zwölfer Kartons inne hinterste Ecke rein ... also, mischt sich immer ein, unsen Scheff ... da kann er nicht anders, aber ich: Herr Bräger, wer hat de Verantwortung für de Verpackung? Und er: Sie natürlich! Und ich: na, denn lassen Sie das man meine Sorge sein! Und ich denk mir schon was dabei, wenn ich de zwölfer dahin, wo se sind, weil: sind mit ihre Pappe sowas von windempfindlich, aber inne Ecke sind se geschützt, weil da kein Wind hinkommt, und vorne wärn se alle zun Teufel ... und das wolln Se doch wohl nicht oder wie seh ich das? Also, mach ich mir schon meine Gedanken, Herr Bräger! Richtig bischen ironisch hab ich das ... Und er: aber entschuldigen Sie ... und daß er das einsieht, immer wieder, und mir denn 'n 10,– Schein inne Hand für paar Halbe ... So steh ich mit unsen Scheff ... und hab ich mir denn auch de Halben ... ich mein,

nicht, daß ich sauf ... ich mein, regelmäßig, wie unsen Nachbar Kulucki ... und haut mit sein' besoffenen Kopp immer mitte Stiefel gegen de Heizungsrippen, daß das durch das ganze Haus, und ganz laut: daß hier lauter Spießer wohn', aber an andern Morgen kann er kein' inne Augen kucken!
Oder de Frau von Lehrer Wrumm! Er gibt ja das Fach Musik, ich mein, nu mal ehrlich, so ein Fach fordert de Görn ja geradezu ... daß er se mit so ein' Fach echt provoziert ... wir habn damals ja auch unsen Musiklehrer ... also, habn gebrummt oder gepiepst ... und wenn er mitte Klasse seine deutsche Volkslieder, habn mein Freund Werner und ich immer den Text von „Banane, Zitrone ..." Und er denn immer: wer das war ... immer wieder auf unsen Gäg reingefalln ... ist aber nie rausgekomm'! Jedenfalls, zun Kaputtlachen ... aber der Pauker natürlich: kein' Humor und ist denn auch inne Nervenklinik ... Ich war ja damals schon ... sonne Art Führernatur mit meine witzige Streiche ... und wehe, da hätte einer vonne Klassenkameraden gepetzt ... hatten ein' Wahnsinns-Respekt ... klar, Werner und ich warn ja auch schon zwei Jahre älter ... ich mein, weil ich zweimal ne Klasse, also, hab ich wiederholt, nicht wegen Blödheit ... aber hatte einfach keine Lust ... diesen beknackten Leistungsdruck mit sein' Streß ... hab ich damals schon gescheckt ... als das diese Wörter noch gar nicht gab ... daß ich da in echt meine Zeit voraus war!
Ich mein, diese Streber inne Schule, und hat mal son Artikel in unse Mappe, sind in' richtigen Leben ja alle Versager ... daß se scheitern ... und hat ihn' alle Paukerei nix genützt ... aber sonne wie ich ... Schörtschill zun Beispiel ... also, sowas von schlechten Zeugnis, aber ist denn später der Führer von den englischen Volk geworden ... oder Sauerbruch aus den starken Film mir diese Wahnsinns-Operation': genau wie ich ...! Ich mein, ich bin ja kein Arzt, wo man de Pazienten, wenn se das verlang', also, mitten inne Nacht zu ihn' hin ... und anne unappetitliche Körperteile rumgrabbeln ... ich mein: hab ich nicht

nötig! Und unsen Scheff: also, so klein, wenn er mit mir redet ... immer höflich ... immer ganz vornehm auf Sie ... und weiß er ja auch, daß ich bei jede Firma in' Lager ... da nehm' die mich mit Kußhand ... bin nie jemanden hintenrein gekrochen in mein' Leben ... schon inne Schule nicht ... wenn ich bei de Schularbeiten keine Lust zu hatte, konnt der Pauker sich auffen Kopp stelln ... Bismarck war ja auch so ein Dickschädel, hab ich mal in ein' Film ... Aber der Hansi Wrumm damals mit seine Kriecherei: jede Schularbeit gemacht! Und hat denn später auf Lehrer studiert ... ich mein, hätt ich ja gar keine Lust zu, dauernd mitte fremde Görn rumärgern, und darf man die noch nichtmal ihre gerechte Strafe ... Und bei so ein' Beruf mitte viele Ferien, die müssen ja rot werden, wenn die ihr Gehalt abholn, bin ich auch nicht für ... lieber richtig arbeiten mit guten Gewissen. Ich mein, erkennt der Scheff ja auch an ... und heute unterrichtet diesen Hansi Wrumm Musik ... Und erzählt unsen Thomas immer, wie sie ihn fertigmachen ... Also, ist nu auch bald reif für de Klappsmühle ... ich mein, das hat er nu von seine Streberei ... und seine Alte schämt sich natürlich für so ein' Mann ... läuft immer mit ganz rote Augen rum ... ich mein, 'n Audi 100 fahrn se ja, und in' Urlaub: immer ein' auffe Vornehme nach Griechenland oder sonne gebildete Länder ... aber will ich gar nicht ... weil die ihr Bier da unten: ist das Hinterletzte ... und de Hotels sind auch dreckig ... Ich mein, lieber anne Ostsee, aber mit stolze Blicke, als 'n Audi aber mit rotgeheulte Augen ... und hab ich Erika schon oft, was für ein Glück se hat, daß se den Schicksal ... muß sie dankbar sein, aber ... ich weiß nicht ... so richtig begriffen hat se das immer noch nicht ...

ABENDBROT

Du kennst doch auch diese heiße historische Filme, wo se immer diese Scheffs zeigen mit ihre Gesichter, also, sehn original so aus wie diesen Herr Kluncker, aber habn ein' Frack an und Zigarre in' Mund. Und wälzen sich jeden Tag in Sekt und Kaviar. Und denn natürlich noch mitte Arbeiter rumgeschrien und sie mitte Peitsche gehaun! Ich mein, da ist das bei uns ja ganz anders. Weil erstens, unsen Alten sieht aus wie eine Kreuzung zwischen Herr Stoltenberg und Herr Dregger, aber immer höflich, so auf „Sie" und sonne Scherze, und nach diesen Lehrgang in' Harz sagt er sogar jeden von seine Leute Gutntag, und manchmal sogar: was de Familie macht und ob de Kinder inne Schule mitkomm'.
Und war ich neulich richtig fertig, als er mitten auffe Auffahrt, grade vorn Pförtnerhaus, und mochte auch keiner vonne Leute vorbei und nache Stechuhrn, also: stand der Scheff und so mit seine Arme und Beine inne Luft rumgewirbelt und gesung'. War, glaub ich, was mit Brüder, die inne Sonne wollten oder inne Freiheit. Und hat „Freiheit" immer ganz laut. Ich mein, von diesen Wort her war das ja nicht ungewöhnlich, weil er das vor de Wahln ja auch auf ein' Schild an sein' Porsche. Aber wie er da mit seine Schluchzerei, habn wir gleich gemerkt: hatte schwer ein' untern Tupeh! Zuerst de Kollegen geflüstert, ob er das vielleicht aus Kummer, weil vielleicht seine Firma, also, sein Lebenswerk, bankrott ist, oder daß de persönliche Schwierigkeiten mitte Ehefrau ihn überwältigt habn, weil die ja dauernd verreist ist, aber soll in Wirklichkeit in sonne private Klapsmühle sein. Also: hat uns unheimlich leid getan, und paar fing'

auch schon an mit Heuln. Die von' Werkschutz warn auch ganz fertig, ich mein, wenn da sonst einer vonne Flunkis Frost in' Kopp hat, denn se gleich hin mit ihre Gummistäbe und ihn' eins über de Warze, aber den Scheff?

Und wie wir noch so in unse Rührung, er mitmal auf uns los und fällt den Büller um' Hals, und ganz laut: ob Büller „Wallraff" heißt, und kann er ruhig, und daß er ihn als angaschierten Reporter mitten heißen Herzen für de Arbeiterschaft versteht, und hätt er sogar selber gerne gemacht und immer von geträumt als jungen Student. Aber von sein' Vater aus war der Zwang da, daß der ihn, daß er de Firma weiterführt, also, original wie diesen Soldatenkönig mit den sensibeln Alten Fritz als jungen Mann. Aber er liebt de einfache Menschen! Und mitmal hing er mir an' Kropf, und: daß er ein' Verbündeten ist vonne ehrliche, biedere Arbeiter mit ihre gutmütige Gesichter, und soll nu alles anders bei ihn werden, und seine Familie und die von' Aufsichtstrat könn' ihn mal in' Mondschein! Und morgen will er mich besuchen. Und er: daß er sich als klein' Junge mal heimlich inne Arbeiterwohnung geschlichen, und habn ihn zum Abendbrot dabehalten, und hat Hafergrütze mit Salz gegeben und Bratkartoffeln: hat de ganze Familie aus eine Pfanne gegessen. Ja und diesen einfachen und starken Geruch von diese kräftige Gerichte ist er nie wieder losgeworden, und denkt er immer an, und will er mal wieder schlucken ... und tut der französische Präsident auch. Wenn seine Franzosen da an ihrn Abendbrottisch, kommt er mitmal inne Küche rein und ißt mit...

An diese Stelle, also, fand ich unheimlich fies, warn se schon da vonne Gewerkschaftszeitung mit ihre Mikrofone und Kameras, und habn se den Scheff aufgenomm', wie er: daß er morgen zu mir, und einer vonne Kerle: da wolln se mal abwarten, ob er da noch an denkt, wenn der Sprit verdunstet ist.

Ich mein, sonst, wenn ich merk, da will einer auffe nasse Tur, so wie mein Freund Werner, denn schalt ich immer auf stur, und Werner verlangt mindestens Holsten Edel mitten Korn, aber der

Scheff in seine Bescheidenheit: daß er mit Schwarzbrot und Salz und klaren Quellwasser, also, ist er schon zufrieden mit!
Klar, daß ich weiß, was sich gehört und mir zu Hause erstmal das Postsparbuch gekrallt ... und denn mit Erika eingekauft, also, die habn ja eine Spezialitätenabteilung bei Karstadt, machst dir kein' Begriff von: alles französisch, sind aber auf deutsch bloß: Rattenschenkel in Meerrettich, Froschköppe in Erdbeermammelade und lauter so scharfe Sachen, wo ein normaln Bürger schlecht von wird, ist aber vornehm! Und lauter so lütte Buddeln aus Indonesien, und steht was mit „Nasi" und „Bami" auf, und soll so scharf sein, daß ein' der Kopp in' Hals kriecht. Naja, wir von alle diese Sachen, und zun Schluß noch von diesen italjenischen Lambrusco, und hat zusamm' über 100,– gekostet!
Erika denn das neue Geschirr auf mitte echte Goldauflage und das Service mitte englische Jagdszenen und Blumen und weißes Tischtuch und Silberleuchter mit richtige Kerzen. Habn wir auch angesteckt, und denn: Glotze aus und diesen innigen Heino aufgelegt, weil der ja zu sonne Stimmung paßt. Und denn war tatsächlich der Scheff da. Ich mein, bischen enttäuscht war ich ja, weil er nichtmal in' dunkeln Anzug und auch ohne Krawatte. Und die Reporters habn zuerst auch gestört, ich mein, wenn se diesmal auch von meine Zeitung warn, die ich immer kauf, sogar an' Sonntag! Naja, was soll ich noch sagen, war jedenfalls alles ganz anders. Zuerst mal hat der Scheff vonne Delikatessen, also: nicht ein' Bissen angerührt! Und ich hatte ihn in meine Gutmütigkeit den Teller ganz schön hoch vollgepackt ... ich mein, bei de Kinder kann man ja: dasse nicht eher von' Tisch, als bis der Teller sauber ist, aber bein Scheff? Und als er denn, ob er nicht 'n Stück Schwarzbrot und 'n Rollmops und 'n Buddel Bier dazu, war das ja schon fast ne Beleidigung für de Hausfrau mit ihre Mühe! Naja, Rollmops war nicht da, hat er denn ne Dose Ölsardin' ... Und daß er nu, also, von wegen: sich mal sein' ganzen Kummer vonne Seele mit ein' einfachen Menschen aussprechen: war auch nix! Bloß so dagesessen und anne Öl-

sardin' gelutscht, und habn de Reporters ihn denn fotografiert bei. Naja, um de Situation bischen zu retten, also hab ich losgelegt, daß ich ihn 'n bischen ermunter, und muß man ja auch als ein' höflichen Gastgeber seine Gäste gegenüber! Ich denn: daß er ein' Klasse-Scheff, und versteh ich ihn mit seine schwere Verantwortung und den Streß und den Druck vonne Konkurrenz, und weiß ja jeder, was er für de Bundesrepublik unne westliche Demokratie getan hat und mit sein' Kampf gegen de Arbeitslosen und die vonne Gewerkschaft! Die Reporter habn genickt, und ich denn auch immer mehr meine Scheu: hab ich echt verlorn, und zun Schluß richtig ein' auf politisch: daß diese Sozialisten und Baader-Meinhof und de Schweine mit ihre Geißelentführung': muß man alle anne Wand oder über de Schandmauer rüberjagen ... Also, de Reporter warn richtig weg! Bloß der Scheff, also: nicht in Stimmung zu bring'! Aber vielleicht, daß er innerlich doch mitgegang' ist ... und macht mich vielleicht zu seine rechte Hand.

RANDGRUPPEN

Ich mein, ich les meine Zeitung ja nur wegen de Sportberichte, aber wenn mein Freund Werner immer: daß das 'n Revolverblatt, weil da immer diese ekelerregende Mordsachen in stehn mit diese hautnahe Schilderung', ich: daß diese genaue Information, also, ist ja echt 'n Zeichen für guten Jurnalismus, und habn wir als kritische Leser ein Recht auf oder wie seh ich das! Und wenn diese Tüpen ihre Mordgelüste bischen in' Zaun halten, hätten die vonne Zeitung ja auch kein' Grund, da in rumzuwühln! Also, ich weiß nicht, seit de Zeit, wo Werner mit sein' Lesen von diese Hetzblätter vonne Gewerkschaft, ist er ganz ... also, habn ihn de ganze Lebensfreude genomm'. Überall muß er an rummeckern! Neulich auch wieder: daß das ein gefährliches Blatt ist von wegen seine Arbeiterfeindlichkeit. Und komm' nie Arbeiter mit ihre Probleme in vor. Ich mein, da war ja nu echt Sense, und ich ihn gleich de nächste Zeitung und ihn da mitte Gurke raufgestoßen, und konnt er selber lesen: „Hilfsarbeiter erschlägt im Rausch eine Prosti ..." also, hat ne Nutte ausnandergenomm' ... Oder: „Arbeiterfrau ließ ihre drei Kinder im Schmutz verkommen" und hat sich auffen Kietz rumgetrieben! Warn allein in diese Ausgabe zehn Geschichten mit Original-Arbeiterprobleme! Von wegen arbeiterfeindlich! Alle Kollegen kaufen se doch! Und: daß inne Artikel gegen unse Intressen geschrieben wird? Kuck dir doch de Serie über de Fußballstare an! Hab ich alle ausgeschnitten, de Artikel! Zun Schluß Werner immer: daß da nix vonne sozialn Randgruppen in ist. Randgruppen sind sonne, die se damals bei de Nazis, also ... oder inne Kazetts rein. Ich mein, was soll ich dir als Gegen-

beweis diese viele kritische Artikel über alte Kerle, daß se sich wieder vor minderjährige Schulmädchen mit ihre unnatürliche Entblößungen ... oder: daß de Asozialn wieder mal aus Undankbarkeit ihr Lager, das von' Geld vonne Steuerzahler gebaut worden ist, daß se das in Brand gesteckt ... oder: vonne Proteste vonne Knackies, daß se nicht jeden Tag drei warme Mahlzeiten mit Fleisch, und habn ihre Wärter sogar mit gekochte Eier beschmissen, wo in Schina noch täglich Million' Menschen ... wollmasagen ... Gelbe ... also, leben von ne Handvoll Reis an' Tag ... Klar, will ich weiter gar nicht in diese Sachen wühln, und wer Dreck anfäßt ... also, macht sich auch dreckig ... Aber kann ich doch Werner seine Behauptung' nicht einfach so in' Raum, daß ich se da stehn laß! Ich mein, da sabbeln se heute alle vonne Randgruppen und wolln da „sozial" mit sein! Aber wenn ein' wirklich „sozial" ist, denn ist das doch dies Blatt, oder wie seh ich das?
Zun Beispiel de Penner-Serie! Habn se da original diese versoffenen Brüder vor de Kamera! Und einer von diese Wermutbrüder mit seine gedunsene Fresse, nee, nicht geschämt und nix! Ich mein, bei diese Wesen klar, daß da jedes Gefühl für Anstand, daß das in ihre Seele abgestorben ist! Und er: daß er das sogar gut findet, daß er Penner ist, und schluckt gerne Wermut! Und noch ganz frech zu de Reporter: daß er acht Jahre, war er in' Knast! War wohl noch stolz auf! Und war bestimmt so ein', der kleine Mädchen mitte Bonbontüte in' Wald und da denn ... Ich mein, um sonne Wesen ist das ja nicht weiter schade, die leiden ja auch gar nicht unter, und wenn se ihrn Schluckermann inne Tasche habn, mehr wolln se ja gar nicht ... Ich mein, vielleicht kennst du ja auch diesen Film – war schon fünfmal inne Glotze – wo diesen starken Jan Gabäng de Hauptrolle, und spielt 'n Penner, der eigentlich Graf ist, aber will seine Freiheit und ist glücklich, wenn er in' Winter ne warme Zelle ... aber kann machen, was er will: kommt und kommt nicht in' Knast! Und de vornehme Weiber werfen sich ihn an' Hals, und de Wirte vonne

Restaurants spendiern ihn de letzte Delikatessen, aber reizt ihn alles nicht, weil er nur anne Zelle denkt. Ich mein, da hat dieser Penner ja viel mehr Glück als der Jan Gabäng in sein' Film ... Also, brauchst *ihn* nicht bedauern, aber wenn man mal an seine arm' Eltern denkt! Stand nämlich inne Zeitung, daß das ein anständiges und sogar ehrliches Schlachtermeisterehepaar aus Wickeldorf, war sogar de Postleitzahl mit angegeben ... Ich mein, steht mir so richtig vor meine Augen, wie diese brave Leute da mitmal bein Wursteinwickeln: kriegen das Zeitungsbild inne Hände, wie se da von' Donner gerührt ... und ist ihr Sohn auf und in diesen Zustand! Und sie natürlich geglaubt, er ist ehrlich und in Amerika, und hat sich da schon ne kleine Ölquelle zusamm'gespart. Ich mein, das ist doch 'n Wahnsinns-Schock für diese biedere Leute, wo alle ihre Hoffnung da in Schutt und Asche ... und holn mit zitternde Hände das alte Bild aussen Fotoalbum, wo er als Säugling auffen Eisbärfell und lacht so richtig unschuldig ... also, daß der Wermut und das Verbrechen: habn da noch nicht ihre lasterhaften Züge in sein' zarten Antlitz eingegraben ... und halten das Kinderbild in ihre gramgebeugte Elternhand, und ihre Trän' prasseln auffe Knackwürste ... und de Kunden in' Laden, ich mein, sind auch ganz fertig und wein' mit ... Also, könnte man ja direkt 'n Film aus machen, wie de verhärmte Mutter nu nach Hamburg zu de Zeitung, und die sagen ihr, in welche Anlagen ihr Sohn immer rumhängt ... und denn, wie se auf ein' vonne gröhlende Penner zu ... und mit ihre Mutterhand de Bratwurst ausse Tasche, wollmasagen, genestelt, wie er se als Knabe immer so gerne an gelutscht hat. Und anne graue Farbe vonne Wurst erkennt er denn auch seine Mutter wieder, und: de Hände vorn Gesicht und auffe Knie ... Und als Häppiend kann denn in Großaufnahme: wie er mit sichere Hand als Schlachter ein' Bullen de Axt vorn Kopp, und dazu in' Hintergrund seine lächelnde Eltern ... ich mein, wär doch echt ne Rolle für Curd Jürgens.

HERR ZIEPEL UND DER UMWELTSCHUTZ

Der Studienrat, der in unsen Sozialblock wohnt, also, kennst du ja bestimmt auch ... wenn er ein' bein Gutntachsagen so ankuckt, also, hab ich noch kein' gesehn, der nicht de Hände ausse Taschen raus und sich de Mütze von' Kopp. Also, wollt ich sagen, diesen Ziepel ist ein wahnsinnig kritischen Kopp, und auch modern. Wie er zun Beispiel mit seine Aktiwität auffen Gebiet von' Umweltschutz, also: ist er hinter jeden Hundebesitzer her, und wenn der Jiffel irgendwo seine menschliche Bedürfnisse in sichtbare Form ... hat Herr Ziepel an diese Stelle ein' klein' Stock inne Erde rein mit ein rotes Fähnlein an, und sich Ort, Uhrzeit, Name von' Hundebesitzer in ein klein' Notizbuch reinnotiert, und gleich hinterher denn auch: ein' Bericht anne Hausverwaltung mit ein' Durchschlag anne Stadt. Ich mein: hat er für diese Iniziative gegen de Umweltverschmutzung sogar noch Nackenschläge von gehabt! Weil de Jusos: habn das mitte rote Flaggen anne Hundebolzen falsch verstanden und gedacht, das wär so ein Wahlkampfgäg vonne Junge Union ... Aber bei de Gerichtsverhandlung hat Herr Ziepel denn: daß er bloß als ein Signal gemeint hat. Und er glaubt: wenn ein Bürger ne rote Fahne sieht, also, würd er bestimmt nicht auf komm', daß das was mitte SPD zu tun hat.

HERR ZIEPEL UND DIESEN WALLRAFF I

Unsen Schmuckstück in unsen Sozialblock ist ja diesen Herr Studienrat Ziepel. Und erklärt mir auch manchmal diese anspruchsvolle Sachen aussen Bereich vonne Kultur, also, mit den tiefern Sinn in. Klar, wenn er mal was zu tappziern hat, mach ich das denn, weil für ihn in seine Eigenschaft als Intelecktuelln sind ja sonne grobe Sachen echt ne Beleidigung. Jedenfalls er: bei de Dichters, also, ist das Wichtigste an ihn': diese echte Oreginaletät. De meisten habn ja als Gäg diesen Alkohol oder machen das mit Weiber wie diesen Klassiker Göthe, oder daß se ihre Zigaretten selber drehn wie diesen Günther Kraß mit sein' rustikaln Schnurrbart, wo er immer paar Erbsen in hängn hat oder Fischgräten ... von diese volksnahe Speisen her ... Oder schreiben für de Massen völlig unverständlich, wenn se moderne Lüriker sein wolln ... Bei de alten Lüriker ist das ja anders, weil bei die ihre Werke: glaubt de Masse, daß se die versteht ... von' Sinn her ... ist aber gar nicht an dem ... weil den t i e f e r n Sinn ... also, was unsichtbar hinter de Worte: begreift de Masse erst recht nicht! Also, daß das bei de alten Lüriker: ist in' Grunde doch so wie bei de modern' ... Und ich zu Herr Ziepel: daß de Gewerkschaftsfritzen immer auffe Versammlung: daß wir mal diesen Wallraff, solln wir mal lesen, und was das denn für ein' ist. Also, was soll ich sagen, bei diesen Wallraff, also, kommt der Ziepel hoch, als wenn er 'n Kacktus in' Slipp ... und er: Wallraff ist überhaupt kein Dichter, weil: fehlt ihn diese poetische Insbirazion, die ein Dichter habn muß ... und er schreibt bloß nache Wirklichkeit ... also: schreibt ab ... und ein Schüler kriegt für Abschreiben ne Sechs, und ist sogar ein Täuschungsversuch, der bestraft wird, aber eine gewisse linke Litteraturmaffia stützt diesen Wallraff ab ... Und seine ganze Schreiberei kommt nicht gegen Göthe seine eine kurze Sache an, also, diesen starken Spruch, wo über alle Gipfel: ist Ruhe, und sogar inne Wipfel: kein Hauch, klar, daß bei diese Stimmung auch de Vögelein, also: schlafen, und steckt so an, ich mein, daß man aus diese Gründe nun auch bald: also, ruhest du auch ... Und diese Ruhe von ein' echten Dichter soll Wallraff sich mal ein Beispiel an nehmen, aber in seine nervöse Streitsucht geht er auf jeden los ... der 'n bischen was aus sich gemacht hat ... aus Neid, also, kann man fast psüchopatisch zu sagen. Und, sagt Herr Ziepel, kritisiern kann jeder, aber bessermachen noch lange nicht ... Und möchte er diesen Wallraff mal als Lüriker sehn, ob der mehr von diese Rührung rausholt als Göthe, ist noch schwer die Frage!

HERR ZIEPEL UND WALLRAFF II

Herr Studienrat Ziepel aus unsen Sozialblock ist ja ein modern' kritischen Zeitgenossen. Aber sind ihn natürlich auch diese alte preußische Tugende in sein Fleisch und Blut rein, wie zum Beispiel diesen Fleiß. Also, hat er neulich sechs Stunden lang ne Türkenkolonne bein Straßenbau zugekuckt, und hinterher: was diese Kerle da auf unse Kosten für Faulheit produziern, kann man sich als normaln Menschen gar nicht vorstelln! Jedenfalls, hat er sich alles in sein' Notizblock rein, und will, wenn da wieder welche von diese linke Sabbelheinis auf ihn los, will er ihn' das mal unter de Nase reiben.
Naja, war vielleicht 'n bischen unglücklich, daß ich in diese Stimmung, also, hab ich wieder von diesen Wallraff angefang' ... Jedenfalls Herr Ziepel: daß diesen Wallraff seine Erzeugnisse: sowas von platten Realismus hat er noch nicht gesehen! Und ich: was ein platten Realismus ist? Und Herr Ziepel: wenn ich ein Foto mit ein' tristen Motief, also, zun Beispiel sonne Fabrik ... wenn ich das mit Rembrandt sein' Mann mitten Goldhelm vergleich, ist das so, als wenn ich Wallraff seine Machwerke gegen echte Kunst halt, zun Beispiel gegen diesen John Maynard mit seine starke Arbeitsmoral. Oder de Stimmung bei Theodor Storm sein' „Abseits"! Sowas von Atmosfäre hat Wallraff nie erreicht! Also, diesen Storm seine Fußballsache mit den „Abseits" kenn ich ja nicht, aber John Maynard kann ich noch immer auswendig, und hat Herr Ziepel recht in, und auch mit diesen Rembrandt sein' Mann mitten Goldhelm ... habn wir ja als Motief auf unse Brokatbettüberdecke. Das Schlimmste an Wallraff seine Werke ist aber, sagt Herr

Ziepel, daß er sie als ein Plagiat von andere Kollegen ... also, hat er sie abgebohrt ... Sogar seine Methode, also, daß er wie ein Heiratsschwindler unter Vorspiegelung von falsche Tatsachen statts inne Braut inne Industrie rein, und hinterher denn auch diese Geschmacklosigkeiten aussen Intimbereich ... und das für schnöden Mammon verkauft: hat ein gewissen Casanova auch schon gemacht! Aber ist bei Wallraff ja viel schlimmer, weil der nicht bloß 'n paar unmoralische Weiber über herzieht, sondern über diese höhere Werte ... diese geistige Innerein, wo als Fundamente unsen demokratischen Staat mit seine Ordnung auf ruht! Wie zun Beispiel unse Zeitung! Hat er da bei seine Bewerbung auch so getan, als ob er für Ordnung ist und für Freiheit, also, wollmasagen ... für Wiedervereinigung auffe demokratische Grundlage vonne freie soziale Markwirtschaft ... Aber, wie gesagt: alles Blöff! Und, sagt Herr Ziepel, ist bei sonne Menschen sonne Art Krankheit, daß se sich, also, müssen dauernd in andere Masken rein und sich verstelln, aber leider nicht in diese pikante Art von diesen Casanova ... Und hinterher denn mitte Intimsfäre auffe Leute los ... also ... diesen Exhebizionismus de Leser unter de Nase!
Klar, sagt Herr Ziepel, son bischen was von diese Störung habn ja alle Dichters mit ihrn Drang, daß se was aufdecken wolln, aber warum immer inne plumpe und taktlose Art von diesen Wallraff? Und er kennt ein' Dichter, der das genauso, bloß alles bischen mit goldnen Humor ... also, Weisheit ... und nicht so Grau in Grau, und heißt diese Dichtung „Feuerzangenbowle", und schleicht sich auch ein Schüler in eine Schule ein, genau wie diesen Wallraff, und merkt auch keinein! ... Und wie der mit seine Streiche auffe Lehrers los ... also, ist direkt extremistisch gegen Wallraff ... aber zun Schluß kommt doch alles raus ... und der Schüler: ist in Wirklichkeit ein richtigen Dokter wie Herr Strauß und ein erfolgreicher Dichter ... wie Herr Däniken ... also, ist wirtschaftlich mindestens so gut abgesichert wie Herr Wallraff ... und hat bei den ja auch immer

ein Häppiend, wenn er aus de Betriebe, wo er ein' auf Einschleiche, wenn er da endlich wieder raus und in sein' Autorberuf zurück ... Aber was bei Herr Wallraff nicht ist, und ist das genau das Stück, was ihn zun Dichter fehlt, also: ist diese versöhnende Liebe ... Und ist doch richtig auffällig ... und, sagt Herr Ziepel, kann natürlich auch an diese verbissene politische Linie von Herr Wallraff liegen mit ihre tüpische Seelenlosigkeit, jedenfalls: in seine ganze Geschichten: nicht eine Stelle, wo er mal mit seine Augen inne blaue Augensterne von eine kleine blonde Bandarbeiterin rein ... Und wo de Liebe fehlt, sagt Herr Ziepel, also, geht da auch de Menschlichkeit ... wollmasagen ... flöten ...

WALLRAFF III

Herr Ziepel aus unsen Sozialblock, also, ist ja als Studienrat ein echten Intelecktuelln, und seine Meinung ist, als Fachmann ... weil er ja Deutsch gibt, also: Dichtung, und sogar in ein' Gümnasium ... mit Göthe und Schiller und diese getragene Sachen, und auch als Lehrer und Pädagoge muß er sagen: das Schlimmste an diesen Wallraff ist: daß er ein böses Beispiel gibt ... und wenn ihn das andere nachmachen, denn aber ade mit diese Sicherheit und Selbstvertraun in unse Demokratie! Weil: kann man denn ja keinein' mehr traun! Ich mein, in diesen Punkt: hat er ja recht in! Zun Beispiel, wenn du mal in deine Annahme: bist Scheff von deine Firma und kriegst ein' neuen Mitarbeiter und ist besonders tüchtig ... also, Wallraff soll ja in seine Zeit bei meine Zeitung ... daß er da der beste Mann war, aber hinterher war er denn doch bloß Wallraff ... also, wie aussen Wallace-Krimi diesen Hexer mit seine tausend Masken, auch ein ganz intellegenten Kriminelln ... ich mein, da mußt du als Scheff doch automatisch: daß sofort ein Mißtraun in dir hoch, wenn ein' von deine Leute tüchtig ist! Oder inne Poletiek, ich mein, da war das ja tatsächlich in echt so: zun Beispiel diesen Herr Speer oder sogar diesen teuflischen Himmler: warn in Wirklichkeit alles Leute aussen Widerstand, aber war ihre Tarnung so gut, daß da kein' auf gekomm' ist ... kannst das selber nachlesen in Herr Speer seine Bücher ... Oder diesen Herr Gilljohm, wo Willy Brandt über gestolpert ist, also, wie der ein' losgemimt hat, da ist zun Beispiel Herr Dregger in sein' demokratischen Verhalten ja echt unecht gegen!
Ich mein, wenn du jetzt weiter mit dein' Denken, und kuckst dir

mal de tüchtigsten Leute an, zun Beispiel diesen Herr Löwenthal oder diesen bekannten süddeutschen Spitzenpolitiker in sein' auffälligen Kampf für de Freiheit ... also ... hab ich in letzte Zeit immer sonne verdächtige Ideen, und ist bloß diesen Wallraff schuld an ...

AGENTEN

Also, gibt das ja nu diese spannende Serie inne Glotze von ein' Agenten, der bei alle europäische Geheimdienste mitmacht ... und auffen Umschlag vonne Jerry-Cotton-Romane ist auch diese starke Reklame, wo man bei eine Firma diesen Geheimagenten-Ausweis kaufen kann, und knalln se dir auch richtig dein Paßbild rein und halbes Dutzend Stempel, und steht, daß man ein original G-Mann ist. Also, Beulen-Albert hat sich für 49,80 son Ding komm' lassen, und wenn er ein' in' Tee hat, zeigt er den Ausweis bei alle Großneumarkt-Flunkis rum und in jede Pinte. Einmal hat er sogar mal ein' vonne Schmiere damit auffen Leim ... Ich mein, das kann ich verstehn, aber ein normaln Menschen mitten durchschnittlichen Eikju untern Tupeh, der lacht doch über Albert seine Fleppe! Aber wenn ich da nu mal in Ernst über nachdenk: vielleicht ist der Ausweis bloß ne Tarnung, und Albert ist tatsächlich ein von diese Agenten! Ich mein, in sonne Kneipe und wenn du Frost in' Kopp hast, da sagst du schon mal was Radikales!

Muß man doch überhaupt mal über nachdenken, wo diese Agenten an ihre Opfer ran, daß se ihre Information', also: diese undichte Stelln, wo de Wahrheit denn raussickert ...

Klar, Hauptsache sind natürlich diese Gebäude ... wie bei den autentischen Film „Salon Kitty", also, Püffe, weil da der Mensch ... ist er ganz ehrlich ... sonne Art Stunde der Wahrheit ... Und habn de Kommenisten in' Film natürlich bei diese Dam', wenn se da mitten in ihre anstößige Sachen, daß se denn original über ihre Revolutionspläne ... habn de Dam' denn skizziert ... Ich mein, wenn ich Elli besuch ... nu macht sie das ja nicht vollberuflich, also, ohne Bockschein ... aber so politische Sachen hat se noch nie inne Unterhaltung rein, höchstens mal: daß ihre Seidensteppdecke mal wieder auf ist, oder: bei Horten hängt ein zauberhaften Kristallüster mit rosa Kristalle und paßt genau zu ihrn Kimono ... Ich mein, gibt ja eigentlich noch mehr Situation', wo der Mensch mit seine entblößte Seele da ganz nackig ... zun Beispiel: unter de Dusche ... oder bein Skat, oder diese Grenzsituation': wenn er vor de Blinddarmoperation inne Narkose ... wenn du ihn da zun Beispiel nach seine politische Meinung fragst, macht er dir echt nix vor! Und kann schon sein, daß ja da unter diese Krankenpfleger, also, diese Burschen von' Ersatzdienst, daß vielleicht paar von ihn' auch so Tüpen wie der vonne „Kaviar"-Serie und notiern sich deine Auslassung' ... An besten sind natürlich sonne Zenen, wo der Mensch ganz allein vor sein' Schöpfer, also, auf sein' eigenen Sterbebette ... Ich mein, das müssen doch richtige Leckerbissen sein für diese Agenten – aber ist ja eigentlich Blödsinn, weil: wenn du da denn wirklich, was echt deine Meinung ist: da könn' de Agenten doch hinterher gar nix mehr mit anfang'! Weil: Anzeige ist ja kein Sinn in, wenn du schon übern Jordan bist ... oder wie seh ich das?

UNTERSCHRIFT I

Wenn du diese fromme Legende aussen süddeutschen Bereich glaubst, daß Beckenbauer ein Sohn von Hitler ... hast du 'n Knödel in' Gehirn, weil: er ist ein Original-Nachkomme von diesen Franz-Josef ... und mein ich den andern Kaiser mit ... und hatte der wieder eine Wahnsinns-Ähnlichkeit mit unsen Opa. Klar, daß wir in unsen Stolz auf ihn ... habn wir denn das Angebot von diese Firma, also, angenomm' ... Das war vor sechs Jahre, als Opa grade mit seine komplizierte Lungenentzündung und ich ihn heiße Milch mit Honig inne Freßklappe rein, und mitmal: Telefon! Und ne Stimme: ich soll se entschuldigen, aber ob ich mich für ein' wunderschön' Perserteppich intressier, und ist ein original Sonderangebot, weil er ohne diese lästige Zollformalitäten aussen Münchner Freihafen: ist er rausgerollt worden. Und ich: habn wir schon. Und de Stimme: und was ich von ne vierte Partei auf Bundesebene halt, auch ein Sonderangebot, und krieg ich für jede Unterschrift ... also, kann ich wähln zwischen ein' wunderschön' Perserteppich oder ne Freikarte für ne Wallfahrt nach Altötting mit Erhörungsgarantie. Und ich: daß ich kein' hab, von den ich de Unterschrift ... und die Stimme: vielleicht doch, und ist vielleicht ein ältern Menschen oder ein Kranken inne Familie, und ich: klar, unsen Opa! Aber solln sich beeiln, wenn se ihn noch de Unterschrift rauslutschen wolln, weil der Arzt: daß wir keine neue Medizin für den alten Herrn mehr brauchen, mit den Rest inne Flasche kommt er noch gut aus, und andern Morgen habn wir bestimmt andere Sorgen als nach de Apotheke zu renn' ... und wenn wir Opa sein Zimmer anders einrichten wolln, könn' wir schon mal

de Möbelleute Bescheid geben ... Naja, alles mit seine taktvolle psüchologische Andeutung', und Opa lag da auch schon mit diesen glücklichen Ausdruck auf seine Züge ... original wie de Fotos ausse Intensivstation in den Artikel aus unse Büchermappe „Sterben – ein Genuß" ....
Ich mein, de Leute habn sich ja beeilt, aber grade, als se Opa den Kugelschreiber in seine Flosse, er nochmal so komisch geschluckt, und war auch schon übern Jordan. Also, so 'n Krakel hat er ja noch mit den Kugelschreiber, und Erika: daß er das doch wohl nicht mehr ganz in sein' volln Bewußtsein. Und ist so wie bei de Spinn', wenn man da rauftritt und sind auch Matsch, aber de Beine bewegen sich immer noch, und sind denn bloß noch de Nerven ... ohne Gehirn dahinter ... Klar, daß ich in meine Wut: bei ihre Sabbelei sind das auch bloß de Nerven ohne Gehirn dahinter, und Opa seine Unterschrift ist gebongt! Und hab ich den alten Herrn auch noch de beiden Ratenkaufsachen, wo er immer in sein' Altersstarrsinn gegenan ... aber hat er nu ja ohne Widerstand diesen Krakel ... Also, wollt ich bloß mit sagen, daß unsen Opa: war ein politischen Menschen – nicht bloß von sein' Aussehn her – und ist ein eingeschriebenes Mitglied von diese neue demokratische Partei, wo er original ... also, macht er jedenfalls in' Geiste mit ...

OPA SEINE KUR II

Also, war unsen Opa seine letzte Handlung vor sein' Tode – und in seine Augen war schon diesen Blick, wo er mit in eine bessere Welt – also: hat er mit seine letzte Zuckung': de Unterschrift für de Vierte Partei gegeben ... Ich mein, war damit ja auch ein richtiges Mitglied, und habn de Herrn vonne Parteiorganisation auch gesagt, daß se: habn fast nur sonne Mitglieder wie unsen Opa ... und gibt das bei ihn' aus diesen Grunde auch so wenig Streiterein. Aber weil se keine Karteileichen wolln, müssen se da sonne kleine Sache mit unsen Opa ... und braucht man, wollmasagen, eine innere Einkehr, und ob wir ein' Raum habn, wo se in alle Ruhe mit den Entschlafenen, und dauert 5 Stunden. Naja, wir se denn in diesen Abstellraum, also, ist eigentlich ne Speisekammer, weil wir unse Kartoffeln da und de Kühltruhe und das Eingeweckte, aber natürlich noch de schmutzige Wäsche und den Korb mitte Stopfsachen. Ich schnell de Kartoffelkeime, de so unanständig durch de Säcke durch, ab ... und de Wäsche bischen beiseite, daß de Herrn da auch Platz für unsen Opa ... Und denn habn se von inn': Schlüssel rum ...! Und nu Erika: was die da wohl mit unsen Opa ... und hätten wir doch nicht de Erlaubnis ... also, daß de Herrn uns in unse Trauer, habn se uns glatt überrumpelt. Wir denn durchen Schlüsselloch, aber hatten se vonne andere Seite ne Stopfsocke vor. Und Erika wieder: daß die da zwei große Koffer mit rein, und was da wohl in ist, und der eine Herr hatte da son ganzen Arm voll elektrische Kabel ... Und in selben Augenblick war da auch ein Lärm ... wie von mein' Bosch-Schlagbohrer ... Unrd Erika wieder: wenn das nu

Agenten von sonne Art Ersatzteillager, de immer diesen Barnard ausse Büchermappe beliefern mit Lunge und Herzen und Leber und alle diese Austausch-Sachen ... vielleicht sogar Haare oder Augen oder gleich den ganzen Kopp ... Und wenn Opa denn bei de Beerdigung in sein' Sarg, also, zun Ankucken ... das wird doch immer ... sogar bei de ganz Großen, bei Kennedy oder den Papst, sogar Adenauer habn se gezeigt, und ein' gewissen Lenin steht da seit seine Beerdigung in Moskau, und de Leute da in ganze Ströme vorbei, komm' sogar kilometerweit in ganze Busse, also, wie bei Kaffefahrten und sonne Sachen, und als Attraktion ist denn da statt Heino oder Onkel Lou diesen Herrn ... Naja, und wenn Opa da nu ohne Kopp und Eingeweide: da kriegen de Trauergäste doch 'n̄ Schreck, also, nützt auch sein guten schwarzen Anzug mit silbergraue Krawatte nix! Ich mein, de Krawatte wird ja auch vielleicht gar nicht halten ohne Hals ... und denn de Verdächtigung' von Onkel Max und Tante Hertie: daß wir de besten Teile von Opa verkauft habn, und unsen alten VW-Käfer habn wir doch auch ausgeschlachtet ...

Ich mein, ich hatte ja auch extremistische Einfälle ... weil ich immer diese Frankenstein-Filme seh ... oder den Schokker, wo se inne Leiche: habn se Rauschgift in geschmuggelt ... Und Alfredo aus unse Firma: daß in Italien, wenn da mal einer bischen unglücklich überfahrn wird, aber der Kopp ist noch heil, und ist reich, denn klaun de Verwandten sich irgendwo 'n Boddie und nähn da den Kopp von' Verunglückten an, einmal sogar, weil da nix anders war: 'n Männerkopp an ein' Fraunkörper ... und machen se aus ihre tiefe religiöse Gefühle raus, weil se glauben, daß bein Jüngsten Gericht mitte Auferstehung, also, braucht jede Leiche 'n Körper für ... und wenn da ein' in ein' Engel mit Flügel verwandelt werden soll, und da ist bloß 'n Kopp, wo du de Flügel anmachen kannst, sieht das ja auch makaber aus ... ich mein, diese unappetitliche Sachen bringt er immer inne Mittagspause, weil er

sich ärgert, daß da wieder keine Spaghetti auffe Speisekarte ... und müssen de unschuldige Kollegen ausbaden ... Und hab ich mir in meine Vorstellung: daß da unsen Opa mitmal mit ein' fremden Kopp, also, ist denn ja gar nicht unsen Opa mehr ... weil: de Persönlichkeit solln de meisten Leute ja in ihrn Kopp habn oder daß se in ihrn Gesicht eingeprägt ist ...
Als denn noch diese Geräusche wie von den Bohrer bei unsen Zahnarzt, habn wir mitte Fäuste gegen de Tür, und daß wir de Polezei ... aber mitmal ging de Tür auf und: lag unsen Opa da, also, was soll ich sagen, noch echter als in sein' Leben! Und de Herrn in ihrn gütigen Lächeln: daß unsen alten Herr nu ... also, kann er jetzt immer bei unse Familie bleiben, daß er echt konserviert ist, und habn se ja auch Erfahrung mit als Konservative, und uns denn alles erklärt: de Imprägnierung von Opa seine Haut und de Haare, de elektrische Augenblitzautomatik, und an den unauffälligen Elektromotor, der Opa seine Augen von hinten beleuchtet, ist auch ne Bewegungsautomatik angekoppelt und 'n Tonband, wo Opa mit durch ein' Lautsprecher aus sein' Munde: „Sehr gut!" sagen kann und: „Wir lieben dieses unser Land!" Ich mein,sonne vornehme politische Sachen hat er ja in sein' Leben nie ... aber macht ein' sehr sümpatischen Eindruck ... Also, Batterien könn' unter de Arme eingesetzt werden, und Aufbewahrn und Transportieren ist auch kein Problem, weil Opa seine Stüroporkugel-Füllung: macht das alles mit ... Und was se dafür rausgenomm' habn, ist in den Plastikeimer, wo der Feudel rübergedeckt ist, und kann in' Ascheimer.
Also, was soll ich sagen: Opa sitzt seit seine Renovierung ganz bescheiden, ich mein, ja auch vonne Ernährung und von' Rauchen her, inne Ecke ... Mäkelt nicht mehr an' Essen rum. Krach wegen de Fernsehprogramme gibt das auch nicht mehr ... oder daß sein Glas mit den Gebiß immer überall rumsteht ... und mit sein' Stuhlgang und de Blasensache: fällt ja nu alles weg, und was meinst, wie lange er mit sein' Oberhemd auskommt! Also, habn wir nu erst den alten Herrn so richtig lieb!

Rente kriegt er natürlich weiter ... ich mein, unsen Hausarzt hat das nämlich noch gar nicht ... weil er bei seine Besuche bloß: „Na?“ und wie das uns geht, und Opa: „Sehr gut!“ Und: „Wir lieben dieses unser Land!“ Und der Arzt: daß er ein' alten Menschen von diese geistige Frische: hat er noch nicht erlebt ... Und wenn das überall inne Familien sonne musterhafte Harmonie, würd das gar kein Altenproblem geben in diesen unsen Lande! Und er gibt de Hoffnung nicht auf, daß alle deutschen Familien so werden, und will er für zu unsen Herrgott beten. Also, wollt ich sagen: sind wir mitte, wollmasagen, Kur, richtig zufrieden, und hat ja auch nix gekostet ... ich mein, kriegen wir sogar noch was zu ... wenn de Herrn unsen Opa mal für paar Tage ausleihn ... für ihre Parteiversammlung' ... also, diese Prämien bring' ganz schön was!

SCHÖN LEISE SEIN BEIN HILFESCHREIN

Ich mein, der alte Kulucki hat sich ja aufgehängt ... wie ein Blitz aus heitern Himmel ... ohne Grund ... ich mein, bischen tütelig war er ja schon, aber daß er gleich so weit ... Neulich war auch mal son Artikel in unse Lesemappe. Von ein' Herr ausse Telefonseelsorge, und der: daß de deutsche Selbstmörder: rufen schon mal an ... bei ihn oder sein' Kollegen Markus oder Herr Sommerauer ... aber diese Aussiedler nicht, weil: schäm' sich wegen ihrn polnischen Akzent und denken, daß da jeden über lacht ... auch de Herrn vonne Telefonseelsorge, also: daß de ihre Probleme nicht ernstnehm', bloß wegen ihre witzige Aussprache ... Naja, wir habn denn in unsen Block auch fürn Kranz gesammelt ... und de Leute habn genau so viel ... als wenn der alte Herr ... also, wie bei ein' Deutschen.

Nu kannst ja denken: er hat seine Ruhe und ist das beste so für ihn, und das Leben geht weiter ... aber ... ich weiß nicht, vielleicht liegt das da an, daß er das mit unse neue Wäscheleine ... ich mein, er hat ja Erika höflich, ob er sich de Leine mal ausleihn kann ... und wieviel Kilo die wohl hält ... und ich: die hält 70 Kilo, also, ungefähr Ihr Gewicht ... also, bischen humorvoll in meine Art ... Aber kann ich denn wissen, daß er diese Anregung nu in volln Ernst ... also, tatsächlich ... da wärst du doch auch nicht auf gekomm'! Klar, habn wir de Leine ... also, benutzen se weiter, ist ja auch ganz neu ... bloß einmal gebraucht ... wie gesagt ... und unbeschädigt, weil: hat der junge Kulucki den alten nicht mit ein' Messer ... also, hat de Knoten alle mitte Hand ... Ich mein, wenn wir ein Paket kriegen, machen wir das auch, weil: kannst de Schnur denn hinterher noch mal ... also, knibbeln auch jeden Knoten mitte Nägel auf ... und wenn das Stunden dauert!

OPFER

Unse Oma, also, ist ja nie aufgefalln ... auch nie an' Essen rumgemäkelt oder wie de alte Niermann sich immer inne jüngere Generation ihre Probleme rein: nix! Immer bloß in ihrn Stuhl mitte kaputten Strümpfe an' Stopfen. Und seit das diese Wegwerfstrümpfe, sie immer öfter: daß se da richtig Angst vor, wenn das mal keine Strümpfe mit Löcher mehr, weil: weiß se denn gar nicht, was se mit ihre Finger machen soll, also: ist ungewohnt, wenn de da so ruhig ... war dicht an' Heuln. Nu weiß ich ja, daß man alte Leute nicht aus ihre Gewohnheiten raus, und habn wir für mich immer diese billige Baumwollsocken vonne Kepa, wo du an ein' Tag, also, sonne Kuhlöcher, ich mein, warn ja eigentlich diese Eumel mehr für unse Oma, daß die weiter so zufrieden in ihre Ecke ... also, richtig ein Opfer von uns aus gesehn ...

BISCHEN ERKLÄRT ...

Doll ist das ja nicht mit unse Oma ihre Rente ... ich mein, beklagt hat se sich noch nicht, aber was will se mit den Geld? Son alten Menschen hat ja sowieso keine Bedürfnisse mehr ... und habn auch schon 'n bischen de Maßstäbe zu de Realität, daß se de verlorn habn. Wapp ihre alte Dame zun Beispiel hat sich neulich von ein' Vertreter anne Tür ... also ... bist mal ne Viertelstunde weg, baun de Alten ein' Mist nach 'n andern. Jedenfalls hat der Locki ihr 'n Moorbad angedreht. Für 135,–! Und solln de Falten auffe Haut von verschwinden, und auch jugendliche Frische und Energie soll davon komm'. Ich mein, ist ja gemein von diese skrupellose Vertreter, alte Leute, die an den Rand von ihrn Grabe ... wenn se de so verscheißern ... oder ausnutzen! Wollten de Wapps ja auch reklamieren, daß se de Moneten zurück ... habn sogar ne Klage ... hat aber nix genützt, weil de alte Dame mit ihre Unterschrift und war ja leider nicht entmündigt ... Naja, und als de Frau Wapp denn das Moorbad, was ihre alte Mutter, und war ein Pulver, inne Badewanne rein und das Wasser rüber ... muß se da irgendwas falsch gemacht habn ... weil das ein' unheimlichen Kleister ... und ist de Wanne denn auch von verstopft. Also, will ich mal sagen: sonne Zicken hat unse Oma ja denn doch noch nicht ... Aber als se neulich, ob se Taschengeld ... und andere Alte geben ihre Rente auch nicht ganz ab ... da ich ihr natürlich das mitte „andere Alte“ mal 'n bischen beigebogen. Ich mein, was will se auch ... sitzt in ihrn Glück inne Geborgenheit von den Schoß vonne Familie und beklagt sich! Und kann doch weiß Gott den Schöpfer auffe Knie ... daß ich nicht so brutal wie de andern ... mit ihre Alten ... Soll se doch mal reinkucken inne Mappe, was da los ist! Die bringen doch fast jede Woche ... ich mein, diese unappetitliche Sachen häng' ein' ja doch schon zun Halse raus, und fragt man sich, ob diese Jurnalisten nix Besseres einfällt als immer bloß diese Alten-Sachen, wo se ihr Publikum mit unterhalten könn'! Ist doch wahr ... immer, wenn da mal keine Prinzessin mit ihrn Nachwuchs ... oder de Schneemenschen von' Himalaja machen Urlaub ... oder das Ungeheuer von Loch Neß ist in' Winterschlaf, also, in diese Saure-Gurken-Zeit, zack, komm' se mit ihre Alten-Berichte ... Naja, in diesen Fall hat das ja mal echt 'n Sinn gehabt, weil ich Oma das mal 'n bischen, damit se ... ich mein, Dank will ich nicht und verlang ich auch nicht, aber soll se doch mal wissen, was los ist! Und wenn se mit ihre Rente ... ich mein, Einzelzimmer ist ja gar nicht drin mit ihre paar Kröten ... und wohnt denn mit sonne Alte zusamm', de in ihrn Alterswahnsinn nachts hoch und unse Oma anne Kehle ... ich mein, genügt ja schon, wenn se tüdelt, oder macht nachts ... daß se inne Bettwäsche ... und Oma muß das saubermachen! Ich mein, sonne Sachen und sonst weiter nix: da könn' de Alten ja noch von Glück sagen, weil: de meisten Stories inne Mappe sind ja über diese Altenbetreuer! Also: frag nicht nach Sonn'schein ... Und de Alten nix zu essen geben und se verprügeln ist noch gar nix, und se anne Betten fesseln oder in' dunkeln Kohlnkeller rein, ist auch normal ... Klar, wenn se diese extremistische Ersatzdienstleistende auffe Alten loslassen .. also, habn die ja nicht de Möglichkeit wie de normaln jung' Leute bei de Bundeswehr ... daß se ihre Aggression' bei de Grundausbildung oder daß se mit aufgepflanzte Bajonette inne Pappkameraden rein ... und müssen diese von' Ersatz mit ihr Aggression' auffe Alten los ... Naja, hab ich mir mal de Zeit genomm' und unse Oma diese Artikel ... bischen erklärt ... und hat se seit diese Zeit nicht mehr diese Anwandlung' ... Also, weiß ich gar nicht, was andere Familien über ihre Alten klagen, muß man sich bloß mal bischen Zeit für se nehm' ... und kommt man denn auch gut mit ihn' aus!

DENKMAL

Vertreter gibt das ja für de beklopptesten Sachen: Sterbeversicherung, Bausparkasse ... ich mein, ist ja nicht schlecht, wenn du für de Zeit sparst, wenn du in' Bau ... aber gestern, sowas hab ich noch nie gehört. Sah ganz normal aus: grauen Anzug, Krawatte, Hut, Mantel, Oberhemd, Strümpfe anne Quanten. Fast wie 'n Beamten. Dachte auch zuerst: Fürsorgekontrolle. Aber war ganz freundlich. Mir sogar ne Zigarette. Ich denn auch de Socken von' Sofa, daß er sich darauf ... Und denn hab ich zu ihn: daß ich kein' Kochtopfsatz brauch, weil ich meistens bei de Heilsarmee ... oder Kugellager inne Kaffeklappe, und wenn ich ganz fertig bin, daß mir denn meine Alte ausse Großkantine mitbringt, weil se da arbeitet. Und mit Versicherung' ist bei mit auch nix ... und mit Lesering auch nicht. Und er: ob ich schon mal über mein Leben, ob ich da mal über nachgedacht hab. Mann, war ich fertig! Der ist wegen Manuela ihre Alimente hier, denk ich. Und denn gleich: daß ich bei schwere körperliche Arbeit, da macht mein Kreislauf nicht mit, und inne Fleppen steht auch bloß was von „leicht sitzende Tätigkeit“, höchstens, daß ich mal ein' als Tallymann durchzieh oder kellner mal, aber hab ich von drei Ärzte, daß mit regelmäßige und schwere Maloche nix ist. Und ich will ja, ich mein, da ist das ja auch mit den Alkohol von gekomm'. Sozusagen aus Traurigkeit über de „sitzende Tätigkeit“, aber vielleicht krieg ich bald ne Stelle als Kinokassierer ... bloß verlangen die Kopfrechnen. Und er: ne, so hätt er das nicht gemeint, er meint, ich soll da mal über nachdenken, was von ein' Menschen bleibt, wenn er tot ist, und da meint er keine unbezahlten Beerdigungsrechnung' mit. Ich sag,

daß mir das ganz egal, und wenn er mich für de Anatomie habn will, unterschreib ich das. Aber er: nein, so hat er das nicht gemeint, aber ich bin schon auffen richtigen Dampfer. Sonne normale Familie, wenn da mal ein' übern Jordan geht, da kriegt er Beerdigung und Grabstein und Zeitungsanzeige, und um sein Bild inne Wohnstube, da kommt 'n Trauerflor. Und immer an sein' Todestag, da denken de andern vonne Familie an ihn und heuln ein' weg. Aber wenn einer keine richtige Familie, und wenn er denn noch in son Lager wohnt und bei ne feste Firma ist er auch nicht. Bloß de Flunkis, de immer an' Großneumarkt rumhäng', kenn' ihn, und vonne Plörrgäng bei de Heilsarmee, also, für die, sagt er, gibt es jetzt auch eine Möglichkeit, daß die ihr Leben nicht ohne Spuren bleibt. Und ich: na, was denn? Und er soll sich das vonne Zunge schütteln. Und er: sie könn' bei unse Firma ... daß ich da 'n Denkmal bestelln kann. 'n echtes Denkmal für mich mit Stellplatz. Und ganz echt, sagt er, weil das nach ne Fotografie gemacht wird, und ist auch witterungsbeständig.
So wie Bismarck' frag ich. Und er: natürlich nicht ganz so groß, aber in' Prinzip lieg ich richtig. Und ich kann auch 'n Stellplatz für das Denkmal mieten, ein' liegt schon bei Stellingen, die andern sind in Schleswig-Holstein, aber auch viel billiger, und schon für 200,– hat man ihn 10 Jahre gemietet, und kommt da auf an, ob ich 'n viertel Quadratmeter will oder 'n halben Quadratmeter, das ist aber schon Luxus und gibt das 'n Lorbeerkranz um' Kopp von' Denkmal mit zu. Er mir denn noch Fotos gezeigt vonne Stellplätze, also, sind ja Riesendinger, auf jeden mindestens 5000 Denkmäler, gewaltig ... De billigen von ein' Meter hoch, das ist Standard, da steht man so oder sitzt auffen Stuhl. Aber die Luxusdinger von 1,50 m, also, da kann man auffen Pferd ... wie Kaiser Wilhelm! Und mit Helm oder Hut auf, ist egal in' Preis, aber Hut zun Pferd sieht nicht aus, meint er. In paar Jahre, sagt er, ist de ganze Lüneburger Heide ein Stellplatz, und stehn de Denkmäler dicht an dicht, immer in

Achterreihen und in Blocks von 8000 Stück ... wie damals de Amtsträger auffen Reichsparteitag ... und alles garantiert witterungsbeständig!
Hast du auch schon 'n Vertrag unterschrieben? Oder willst du vielleicht, daß von dein' Leben keine Spur bleibt?

SCHAUM

Also, manchmal, da bin ich so fertig, wenn ich da 'n Zeugen Jehovas seh, da glaub ich ihn das direkt, daß inne nächste Woche de Welt untergeht. Und wenn ich denn noch Pech hab und ist kein Schlußverkauf, wo ich mich in das Gedränge rein und in ne Viertelstunde so meine 8 bis 10 Brieftaschen machen kann. Und inne Nebenstraßen keine alte Dam', und wenn mal eine, denn hat se keine Handtasche. Und wenn de Leute bei de Schlimmbisse höchstens ihrn Senf auffe Pappteller lassen, also, denn bleibt bloß noch Konditorei Kaul. Da bestell ich mir denn 2 Paar Wiener und Doppelportion Kartoffelsalat, und wenn ich das auf hab, hol ich mir de Zahnpastatube ausse Tasche, schraub auf, drück mir 3 cm Zahnpasta in' Mund, kau se durch, bis ich schön viel weißen Schaum hab. Wenn das genug ist, mach ich 'n Mund auf und laß ihn übers Kinn ... Klar, daß de Kunden von ihre Stühle hoch und rüberkucken, welche lassen sogar de Eßbestecke vor Schreck auffen Boden falln und schrein „Igitt" oder sowas. Und denn sind auch schon de Servierfräuleins da und wolln mir mit ihre Servietten vorn Mund, aber ich laß immer mehr Schaum raus und schrei:
„Der Kartoffelsalat!"
Nicht, daß er schlecht ist oder daß ich vergiftet bin oder sowas, weil das ja Betrug ist und strafbar, aber wenn man bloß „Der Kartoffelsalat!" schreit, ist das nicht strafbar. Naja, die lassen mich denn durch 'n Hintereingang raus, und bezahln brauch ich nicht. Bein letzten Mal habn se allerdings mitte Polezei gedroht, weil ich de Gäste verekel, und mal ist ihre Geduld zu Ende. Klar, wenn man das fünf Mal in eine Woche abzieht: ich kann

de Leute verstehn. Dabei sieht son schönen weißen Schaum gar nicht so schlecht aus ... wo die vonne Waschmittelindustrie doch auch damit werben ...

BILDUNGSARBEIT

Wissenschaft? Kenn ich! Ich mein, eigentlich bin ich ja auch Wissenschaftler. Schon von' Beruf her. Ich bin nämlich Blutspender. Leb ich von. Aber auch sonst: wenn ich zum Beispiel auf meine Bank sitz und de Schulkinder mir ihre Frühstückspakete geben, da bin ich denn doch der Grund, daß ihr Blut nicht zun Magen läuft, wo das das Brot verdaut und der Kopp ist leer, nee, durch meine Tätigkeit steigt ihn' das Blut in das Gehirn und sie fang' denn an zu denken. Ich mein, durch mein Opfer, daß ich ihre Pakete annehm, mach ich doch 'n lebendigen Unterricht erst möglich!

Und denn mit diesen Schämen ... Hat mich neulich mal einer angemacht: ob ich mich nicht schäm, wenn ich de Kinder ihr Brot, und ich: klar! Da gehört ganz schön was zu ... und daß ich früher auch mal bessere Tage, aber was soll man machen, und ist ja auch besser, als wenn die Kinder das Brot in' Papierkorb rein, und ist ne Sünde, wo in Indien de Leute alle verhungern.

Und da hat er mir 'n Heiermann inne Hand.

Manchmal arbeit ich auch direkt für 'n Unterricht. Sozusagen als Demonstrant oder wie das heißt. Ein Lehrer, son ganz jung' in Jiens und Wolljacke kommt mindestens einmal inne Woche mit seine Klasse. Er gibt, glaub ich, son Fach, wo Sozialismus und Gesellschaft und alle sonne linke Sachen in vorkomm', und denn er auch immer: daß ich 'n Beispiel fürn Asozialn bin, wo ganz gewisse Kreise an schuld sind. Und ich: daß ich früher als Zimmermann auffen Bau und ganz geregelt. Aber ein' Tag bin ich untern Auto. War 'n großes Tier inne Poletik in. Und hatte

ne Gehirnerschütterung. Aber die mich trotzdem verknackt und: daß ich de Schuld hab wegen meine Promille ... Seit de Zeit hab ich immer so Anfälle mit schwarz vor Augen und Zittern und kann keine Arbeit mehr machen, und was soll man denn sonst noch ... und bleibt ein' bloß noch de Sauferei. Zieh richtig ein' ab mit Trän' und alles, und de Schüler schreiben das auf, und er mir denn auch 'n Heiermann.
Da ist noch 'n Lehrer mit Biologie, und der zeigt seine Klasse, wie 'n richtigen Alkoholiker aussieht. Und müssen sich meine Gesichtsfarben aufschreiben und daß meine Paddeln zittern und wie ich kuck und fragt, ob ich Schmerzen anne Leber und vielleicht Wasser inne Füße. Ich immer: klar, und manchmal seh ich blaue Regenwürmer. Schneien von' Himmel und liegen meterhoch inne Straßen, und das müssen de Schüler auch in ihre Notizbücher. Und von diesen Lehrer krieg ich immer Bonbons aussen Reformhaus.
Manchmal ist da auch ne Lehrerin in Religion. Und die zu ihre Klasse: daß ich genauso einer wie der verlorene Sohn. Und ich: klar! Mein Alter hat ne Villa in Blankenese, und ich hab damals Fliege gemacht mit seine Briefmarkensammlung untern Arm, und hab ich auffen Kietz verscheuert und de Mäuse denn unter de Leute gebracht. Und sie: aber nun bereuen Sie es? Und ich: klar! Und sie: denn gehen Sie doch wieder zurück! Und daß ich unbedingt zu mein' Alten soll, und er verzeiht mir. Dabei hab ich nie 'n Alten gehabt! War von Anfang an bloß immer inne Heime. aber ich: Hände vor de Fresse und mitten Kopp geschüttelt, und sie mir de Hand auffe Schulter ... und auch 'n Heiermann.
Ich mein, die Alte wär doch echt sauer, wenn ich tatsächlich nicht mehr auffe Bank. Und müßt se sich 'n neuen verlorenen Sohn suchen. Und de andern Kollegen wärn auch bös an, und das ist der Grund, ich mein, da hab ich doch irgendwie auch Veantwortung, kann doch echt 'n bischen bei unse Bildungskatastrofe mithelfen, daß se nicht noch größer wird.

MASKEN

Wenn die morgens aus ihre Betten raus, sind ihre Köppe alle bloß ne runde Fleischkugel, ganz glatt! Und denn tappen se zu ihrn Kleiderschrank und holn sich 'n Gesicht raus, das sieht aus wie 'n Riesen-Spezialpräser, bloß größer, und statt Gumminoppen ist da 'n Gesicht. Das dünamische Lachen ist gleich mit eingearbeitet. Und ziehn se sich über und sind fertig.

Wenn se in ihre Autos nache Arbeit fahrn, habn se alle das gleiche Gesichts-Fabrikat an. Heute ist ja „dünamisch" modern, aber kann ich mir nicht leisten. ich krieg meine immer aussen An- und Verkauf, und die sind natürlich längst ausse Mode, damals war ja „patriotisch" mit Schnurrbart ... da lachen de Leute heut über. Und denn sind auch Risse in' Gummi und dünne Stelln, daß de rosa Kugel durchsehn kannst, und das gehört sich nicht, und jeder schimpft, daß das ne Sauerei ist. In' Winter ist das ja einfach: bind ich mir einfach 'n Schal um' Kopp, und de Leute denken, das ist wegen de Kälte. Aber wenn ich das jetzt, bei den Sonn'schein, da glaubt jeder, ich will ne Bank leermachen.

Das beste Gesicht hat Schwester Elli von' Hilfswerk: vollautomatisch mit fünf Einstellung'. Die kann inne Sekunde von „fröhlich" auf „traurig" umschalten, von da dann auf „besorgt" und wieder zurück. Sagenhaft! Son alten Schrubber und das neueste Modell! Und bloß, weil se uns de Suppe austeilt! Mein Freund Werner sagt, de Suppe von' Hilfswerk, das sind alle de Reste, die inne Großküchen nachgeblieben sind, zusamm'gemanscht. Kannst auch nie rausschmecken, ob de Suppe süß oder sauer ist, findest inmmer Wurststücken und Rosin' in. Und de

Farbe: wie 'n Regenbogen, der durch 'n Wolf gedreht ist! Ich mein, da braucht Schwester Elli sich echt nix auf einzubilden! Und hab ich auch noch nie gesehn, daß se selber was vonne Suppe. Und ich ran und ihr mein' Teller unter de Nase, daß se mal riechen soll. Und sie: Kopp weggedreht. Ich mitten Teller hinterher, und da ist denn wohl 'n bischen übern Tellerrand und ihr auffe Bluse. Wenn se nu nicht geschrien hätte, wär das andere denn auch nicht passiert, daß ich ihr ein' mitte Faust, aber nicht doll. Und daß se auffen Boden, ist vielleicht nur wegen ihrn Schreck. Und ist mitten Kopp 'n bischen unglücklich auf meine Stiefelspitze ... und war von mir überhaupt keine Absicht bei! und die das sagen, spinn' echt! Und daß ich ihr mitte Händ in' Gesicht, war kein Kratzen. Ich wollt ihr ja bloß de automatische Maske ab, weil meine auf ist.

INHALT